LA

CHAUMIÈRE

INDIENNE.

DE L'IMPRIMERIE DE FIRMIN DIDOT,
RUE JACOB, N° 24.

LA

CHAUMIÈRE INDIENNE,

PAR BERNARDIN DE SAINT-PIERRE.

PARIS,
CHEZ LEFÈVRE, LIBRAIRE,
RUE DE L'ÉPERON, N° 6.

1828.

AVANT-PROPOS.

Voici un petit conte indien qui renferme plus de vérités que bien des histoires. Je l'avais destiné à augmenter la relation d'un voyage à l'Ile-de-France, publiée en 1773, et que je me propose de faire réimprimer avec des additions. Comme j'y parle des Indiens qui sont dans cette île, j'avais voulu y joindre un tableau des mœurs de ceux qui sont dans l'Inde, d'après des notes assez intéressantes que je m'étais procurées. J'en avais donc formé un épisode, que j'avais lié à une anecdote historique qui en fait le commencement. C'est à l'occasion d'une compagnie de savants anglais, envoyés, il y a une trentaine d'années, dans diverses parties du monde, pour y recueillir des lumières sur plusieurs objets des sciences : j'y parle d'un d'entre eux, qui vint aux Indes pour concourir aux progrès de la vérité. Mais comme cet épisode formait un hors-d'œuvre dans mon ouvrage, j'ai jugé à propos de le publier séparément.

Je proteste ici que je n'ai eu aucune intention de jeter quelque ridicule sur les académies, quoique j'aie beaucoup à m'en plaindre, non par rapport à ma personne, mais à cause des intérêts de la vérité (1), qu'ils persécutent souvent quand elle contrarie leurs systèmes. Je suis d'ailleurs trop redevable à plusieurs savants anglais qui, sans me connaître, et par le seul amour des sciences, ont honoré mes Études de la Nature de leurs plus glorieux

(1) Voyez la note première à la fin de ce volume.

suffrages, qu'ils n'ont pas craint de publier, comme on peut le voir, entre autres, dans un extrait de leurs journaux, rapporté par le Moniteur français, le 9 février 1790. Le caractère que j'ai donné à un de leurs confrères est une preuve non équivoque de mon estime pour eux. Certainement j'ai dû regarder comme une démarche qui mérite toute la reconnaissance de leur nation, d'avoir cherché à importer des lumières des pays étrangers en Angleterre, ainsi que je considère celle d'en avoir exporté d'Angleterre dans des pays sauvages, par les voyages de Cook et de Banks, comme digne de toute celle du genre humain. La première a été imitée depuis par le Danemarck, et la seconde par la France (1), mais toutes deux bien malheureusement, puisque de douze sa-

(1) Voyez la note seconde à la fin de ce volume.

vants voyageurs danois, il n'en est revenu qu'un seul dans sa patrie, et que l'on n'a aucune nouvelle des deux vaisseaux de guerre français employés à cette mission d'humanité, et commandés par l'infortuné de La Peyrouse. Ce n'est donc point la science en elle-même que je blâme; mais j'ai voulu faire voir que les corps savants, par leur ambition, leur jalousie et leurs préjugés, ne servent que trop souvent d'obstacles à ses progrès.

Je me suis proposé un but encore plus utile, c'est de remédier aux maux dont l'humanité est affligée aux Indes. Ma devise est de secourir les malheureux, et j'étends ce sentiment à tous les hommes. Si la philosophie est venue autrefois des Indes en Europe, pourquoi ne retournerait-elle pas aujourd'hui de l'Europe civilisée aux Indes devenues barbares à leur tour? Il vient de se former à Calcutta une société de savants anglais, qui détruiront peut-être un jour les préjugés de l'Inde, et par ce bienfait compenseront les maux qu'y ont apportés les guerres et le commerce des Européens. Pour moi, qui n'influe sur rien, afin de donner plus de faveur et de graces à mes arguments, j'ai tâché de les revêtir de celles d'un conte. C'est avec des contes qu'on rend partout les hommes attentifs à la vérité.

Nous sommes tous d'Athène en ce point; et moi-même,
Au moment que je fais cette moralité,
Si Peau-d'Ane m'étoit conté,
J'y prendrois un plaisir extrême.

La Fontaine, liv. viii, fab. 4.

On a dit, avec plus d'esprit que de raison, que la fable était née dans les pays despotiques de l'Orient, et qu'on y avait voilé la vérité, afin qu'elle pût s'approcher des tyrans. Mais je demande si un sultan ne se trouverait pas plus offensé de se voir peint sous l'emblème d'un chat-huant ou d'un léopard, que d'après nature; et si des vérités de réflexion ne le blesseraient pas pour le moins autant que des vérités directes. Thomas Roé, ambassadeur d'Angleterre auprès de Sélim-Cha, empereur du Mogol, rapporte que ce prince très-despotique ayant fait ouvrir devant lui des coffres qui arrivaient d'Angleterre, afin d'y prendre quelques présents qui lui étaient destinés, fut fort surpris d'y trouver un tableau représentant un Satyre qu'une Vénus menait par le nez. « Il s'imagina, dit-il, que cette peinture « était faite en dérision des peuples de « l'Asie; qu'ils y étaient figurés par le Sa-« tyre noir et cornu, comme étant d'une « même complexion, et que la Vénus qui

« menait le Satyre par le nez représentait « le grand empire que les femmes de ce « pays-là ont sur les hommes. »

Thomas Roé, à qui ce tableau était adressé, eut bien de la peine à en détruire l'effet dans l'esprit du Mogol, en lui donnant une idée de nos fables. Il recommande à cette occasion bien expressément aux directeurs de la compagnie des Indes, en Angleterre, de n'envoyer à l'avenir aucune peinture allégorique aux Indes, parce que les princes, dit-il, y sont très-soupçonneux. C'est en effet le caractère des despotes. Je crois donc que nulle part les fables n'ont été imaginées pour eux, si ce n'est pour les flatter.

En général, le goût pour les fables est répandu par toute la terre, mais bien plus dans les pays libres que dans les despotiques. Les peuples sauvages fondent leurs traditions sur des fables : il n'y a point de pays où elles aient été plus communes que dans la Grèce, où tous les objets de la nature, de la politique et de la religion n'étaient que des résultats de quelques métamorphoses. Il n'y avait guère de famille illustre qui n'eût quelque animal au nombre de ses ancêtres, et qui ne comptât parmi ses cousins ou ses cousines des taureaux, des cygnes, des rossignols, des tourterelles, des corneilles ou des pies. On peut observer que les Anglais, dans leur littérature, ont un goût particulier pour l'allégorie, quoique la vérité puisse se dire chez eux fort librement. Les Asiatiques ont été dans le même cas, du temps d'Ésope et de Lockman : mais on ne trouve plus aujourd'hui chez eux de fabulistes, quoique leur pays soit rempli de sultans.

Ce sont les peuples les plus rapprochés

de la nature, et par conséquent les plus libres, qui ont le plus aimé à orner la vérité de fables : c'est par un effet de l'amour même de la vérité, qui est le sentiment des lois de la nature. La vérité est la lumière de l'ame, comme la lumière physique est la vérité des corps. L'une et l'autre réunies donnent la science de ce qui est : celle-ci éclaire les objets, celle-là nous en montre les convenances ; et comme, dans le principe, toute lumière tire son origine du soleil, toute vérité tire la sienne de Dieu, dont cet astre est la plus sensible image. Peu d'hommes peuvent supporter la lumière pure du soleil. C'est à cause de la faiblesse de nos yeux, que la nature nous a donné des paupières pour les voiler au degré qui nous convient ; qu'elle a planté la terre de forêts, dont les feuillages verts nous offrent des ombrages doux et transparents; et qu'elle répand dans les cieux des vapeurs et des nuages, pour affaiblir les rayons trop vifs de l'astre du jour. Peu d'hommes aussi peuvent saisir les vérités purement métaphysiques. C'est à cause de la faiblesse de notre intelligence, que la nature nous a donné l'ignorance pour servir de paupière à notre ame : c'est par son moyen que l'ame s'ouvre par degrés à la vérité, qu'elle n'en admet que ce qu'elle en peut supporter, qu'elle s'entoure de fables, qui sont comme autant de berceaux à l'ombre desquels elle la contemple; et lorsqu'elle veut s'élever jusqu'à la Divinité même, elle la voile d'allégories et de mystères pour en soutenir l'éclat.

Nous ne verrions pas la lumière du soleil, si elle ne s'arrêtait sur des corps ou au moins sur des nuages. Elle nous échappe hors de notre atmosphère, et nous éblouit à sa source. Il en est de même de la vérité ; nous ne la saisirions pas si elle ne se fixait sur des événements sensibles, ou au moins sur des métaphores et des comparaisons qui la réfléchissent ; il lui faut un corps qui la renvoie. Notre entendement n'a point de prise sur les vérités purement métaphysiques ; il est ébloui par celles qui émanent de la Divinité, et il ne peut saisir celles qui ne se reposent pas sur ses ouvrages. C'est par cette dernière raison que le langage des peuples civilisés ne peint rien, parce qu'il est plein d'idées vagues et d'abstractions ; et que celui des peuples simples et naturels est très-expressif, parce qu'il est rempli de similitudes et d'images. Les premiers sont habitués à cacher leurs sentiments ; les seconds, à les étendre. Mais comme souvent les nuages, dispersés sous mille formes fantastiques, décomposent les rayons du soleil en teintes plus riches et plus variées que celles qui colorent les ouvrages réguliers de la nature; ainsi les fables réfléchissent la vérité avec plus d'étendue que les événements réels: elles la transportent dans tous les règnes; elles l'approprient aux animaux, aux arbres, aux éléments, et en font jaillir mille reflets. Ainsi les rayons du soleil se jouent, sans s'éteindre, au fond des eaux, y reflètent les objets de la terre et des cieux, et redoublent leurs beautés par des consonnances.

L'ignorance est donc aussi nécessaire à la vérité que l'ombre l'est à la lumière, puisque c'est des premières que se forment les harmonies de notre intelligence, comme des secondes se composent celles de notre vue.

Les moralistes, comme je l'ai déja observé dans mes Études, ont presque toujours confondu l'ignorance avec l'erreur. L'ignorance, à la considérer seule et sans la vérité, avec laquelle elle a de si douces harmonies, est le repos de notre intelligence; elle nous fait oublier les maux passés, nous dissimule les présents, et nous cache ceux de l'avenir; enfin elle est un bien, puisque nous la tenons de la nature. L'erreur, au contraire, est l'ouvrage de l'homme; elle est toujours un mal: c'est une fausse lumière qui luit pour nous égarer. Je ne puis mieux la comparer qu'à la lueur d'un incendie, qui dévore les habitations qu'elle éclaire. Il est remarquable qu'il n'y a pas un seul mal moral ou physique qui n'ait pour principe une erreur. Les tyrannies, l'esclavage, les guerres, sont fondés sur des erreurs politiques, et même sacrées; car les tyrans, qui les ont répandues pour établir leur puissance, les ont toujours dérivées de la Divinité ou de quelque vertu, afin de les faire respecter des hommes.

Il est cependant bien facile de distinguer l'erreur de la vérité. La vérité est une lumière naturelle qui luit d'elle-même par toute la terre, parce qu'elle vient de Dieu; l'erreur est une lueur artificielle qui a besoin sans cesse d'être alimentée, et qui ne peut jamais être universelle, parce qu'elle n'est que l'ouvrage des hommes. La vérité est utile à tous les hommes; l'erreur n'est profitable qu'à quelques-uns, et est nuisible à tous, parce que l'intérêt particulier est l'ennemi de l'intérêt général quand il s'en sépare.

Il faut bien prendre garde de confondre la fable avec l'erreur. La fable est le voile de la vérité, et l'erreur en est le fantôme. Ce fut souvent pour le dissiper, que la fable fut imaginée; cependant, quelque innocente qu'elle soit dans son principe, elle devient dangereuse lorsqu'elle prend le caractère principal de l'erreur, c'est-à-dire lorsqu'elle tourne au profit particulier de quelques hommes. Par exemple, il importait peu qu'on eût fait jadis de la lune, sous le nom de Diane, une déesse toujours vierge, qui présidait à la chasse. Cette allégorie signifiait que la lumière de la lune était favorable aux chasseurs pour tendre des piéges aux bêtes fauves, et que l'exercice de la chasse détruisait la passion de l'amour. Il n'y eut pas un grand mal quand on lui dédia le pin (1) dans les forêts; cet arbre devint un rendez-vous de chasse. Il n'y eut pas encore un grand mal quand un chasseur, pour s'attirer la pro-

(1) Voyez la note troisième à la fin de ce volume.

tection de Diane, y suspendit la tête d'un loup. Mais quand il y mit la peau tout entière, il se trouva des gens qui songèrent à en profiter; ils bâtirent à la déesse une chapelle, où l'on offrit non-seulement la peau d'un loup, mais des moutons, afin de préserver des loups le reste du troupeau. Les offrandes s'y multiplièrent à l'occasion de la hure de quelque monstrueux sanglier qui avait bouleversé les vignes, et qui avait mis à ses trousses tous les chiens et toute la jeunesse du voisinage. Les chasseurs y attirèrent les pélerins, et les pélerins les marchands. Il se forma bientôt un bourg autour de la chapelle, qui, parmi tant de gens crédules, ne tarda pas d'avoir ses oracles. Comme on y prédisait des victoires, les rois y envoyèrent des présents; alors la chapelle devint un temple, et le bourg une ville qui eut des pontifes, des magistrats, des territoires. Bientôt on leva des impôts sur les peuples, pour lui bâtir des temples magnifiques comme celui d'Éphèse; et comme la crainte a encore plus de pouvoir que la confiance sur l'esprit humain, pour rendre le culte de Diane redoutable, on lui sacrifia des hommes dans la Tauride. Ainsi concourut au malheur des peuples une allégorie imaginée pour leur bonheur, parce qu'elle tourna au profit d'une ville ou d'un temple.

La vérité même est funeste aux hommes, quand elle devient le patrimoine d'une tribu. Il y a certainement bien loin de la tolérance de l'Évangile à l'intolérance de l'inquisition, et du précepte donné par Jésus à ses apôtres, de secouer de leurs pieds la poussière des maisons où on refusait de les recevoir, et de son indignation lorsqu'ils lui proposèrent d'y faire tomber le feu du ciel, à la destruction des anciens Indiens de l'Amérique, et aux bûchers des auto-da-fé.

Il y a à la galerie des Tuileries, à droite en entrant dans le jardin, une colonne ionique, que le célèbre Blondel, professeur d'architecture, montrait comme un modèle à ses élèves; il leur faisait observer que toutes celles qui la suivaient allaient en diminuant de plus en plus en beauté. La première, disait-il, est l'ouvrage d'un fameux sculpteur, et les autres ont été faites successivement par des artistes qui se sont écartés de ses graces et proportions, à mesure qu'ils s'en éloignaient. Celui qui a sculpté la seconde a assez bien imité la première; mais celui qui a fait la troisième ne copiait plus que la seconde. Ainsi, de copie en copie, la dernière se trouve fort au-dessous de l'original. J'ai comparé bien des fois l'Évangile à cette belle colonne des Tuileries, et les ouvrages des commentateurs anciens à celles du reste de la galerie. Mais, si on mettait de suite les commentateurs modernes jusqu'à nos jours, quelles colonnes informes offriraient leurs volumes! et qui, dans les tempêtes de la vie, oserait s'y appuyer?

Puisque la vérité est un rayon de la lumière céleste, elle luira toujours pour tous les hommes, pourvu qu'on ne mette pas d'impôts sur leurs fenêtres: mais, dans tous les genres, combien de corps fondés pour la propager, par cela même qu'elle tourne à leur profit, y substituent celle de leurs bougies ou de leurs lanternes! Ils en viennent bientôt, quand ils sont puissants, à persécuter ceux qui la trouvent; et quand ils ne le sont pas, ils leur opposent une force d'inertie qui les empêche de la répandre : voilà pourquoi ceux qui l'aiment s'éloignent souvent des hommes et des villes. Telle est la vérité que j'ai voulu prouver dans ce petit ouvrage. Heureux si je peux contribuer, dans ma patrie, au bonheur d'un seul infortuné, en peignant aux Indes celui d'un Paria dans sa chaumière !

Ce n'est qu'à vous, auguste assemblée des représentants de la France, qu'il appartient de faire du bien à tous les hommes, en détruisant les obstacles qui s'opposent à la vérité, puisqu'elle est la source de tous les biens, et qu'elle se répand par toute la terre. Rome et Athènes ne défendirent que leur liberté. Les peuples modernes n'ont combattu que pour étendre leur religion et leur commerce. Tous ont opprimé l'univers; vous seule avez défendu ses droits en sacrifiant vos privilèges. Un jour il s'intéressera à votre bonheur, comme vous vous êtes intéressée à ses destins. Puisse le monarque vertueux qui vous a convoquée, et a sanctionné vos laborieux travaux, en partager la gloire à jamais! Son nom sera immortel comme vos lois. Les peuples anciens ont fixé leur principale époque à celle qui importait le plus à leurs plaisirs, à leur puissance ou à leur liberté; les Grecs, si amoureux des fêtes, à leurs olympiades; les Romains, si patriotes, à la fondation de Rome; les peuples opprimés, à la naissance de leurs religions: mais les peuples que vous rappelez au bonheur auquel la nature les destinait, dateront les droits de l'homme, aussi anciens que le monde, du règne de Louis XVI.

PRÉAMBULE.

Le début de ce petit ouvrage a été marqué par trois sortes de succès.

Le premier, c'est que, dès qu'il a été publié sous format in-18, il en a paru plusieurs contrefaçons au Palais-Royal. C'est sans doute me faire beaucoup d'honneur; mais aussi c'est me le faire payer assez cher, et tromper le public en lui présentant des éditions fautives.

Le second succès de la Chaumière Indienne est de m'avoir attiré des éloges des journalistes les plus distingués, et des lettres pleines d'intérêt de beaucoup de mes lecteurs. Rien n'est agréable comme une amitié nouvelle. Toutes les primeurs plaisent, et surtout celles du cœur. Quelque sensible que j'y sois, il ne m'est pas possible de les cultiver toutes. Parmi les personnes qui me font l'honneur de rechercher ma correspondance, il y en a, et ce ne sont pas toujours des dames, qui, de peur, disent-elles, de m'importuner, m'écrivent de petites lettres qui demandent de grandes réponses : le contraire m'arrangerait beaucoup mieux. C'est sans doute la plus douce de mes jouissances, de voir les sentiments sortis de mon ame y retourner avec ceux des amis qu'ils m'ont conciliés; mais c'est une de mes plus grandes peines de ne pouvoir suffire à des relations si intéressantes. Je suis seul, ma santé est mauvaise, et je ne peux écrire que quelques heures de la matinée; j'ai des matériaux considérables à arranger, que je n'ai ni la force, ni le temps de mettre en ordre; ma fortune même est un obstacle à mes correspondances; car beaucoup de ces lettres m'arrivent de fort loin sans être affranchies. J'espère que ces considérations, qui me forcent de tant de manières au laconisme ou au silence, me serviront d'excuses auprès de la plupart de mes lecteurs, dont les suffrages d'ailleurs sont la plus agréable récompense de mes travaux.

Le troisième succès de la Chaumière Indienne est d'avoir excité l'envie. Des journalistes m'ont attaqué dans leurs feuilles. Un abbé, déguisé sous le nom d'un Anglais, a prétendu, dans son journal, que, sous le nom de brames, je voulais tourner nos prêtres en ridicule. A la vérité, il a dit à une dame de ses souscripteurs, qui lui en faisait des reproches, que s'il avait sû qu'elle fût de mes amies, il n'aurait pas publié cette lettre : tant il est vrai que c'est l'intérêt et non la vérité qui guide un écrivain mercenaire!

Un journaliste académicien s'est plaint avec amertume d'une note de mon avant-propos, où je parle de l'aplatissement des pôles comme d'une erreur. Un autre journaliste du même ordre, n'ayant rien à voir ni à ma religion, ni aux pôles du monde, a senti réveiller sa jalousie naturelle par des succès qu'il n'avait pas préparés. N'ayant rien à reprendre dans ma Chaumière Indienne, il a attaqué avec amertume mes Principes sur l'Éducation. Accoutumé à ne répéter que les idées d'autrui, il ne veut pas que j'aie les miennes; il me blâme d'interdire l'ambition aux enfants, qu'il veut élever, comme lui, avec des hochets académiques. Il trouve mauvais que je leur défende de chercher à être les premiers; que je substitue dans leurs jeunes ames l'amour de l'humanité à l'amour de soi, l'intérêt général à l'intérêt particulier, et que je les fasse vivre en paix dans l'âge de l'innocence, afin de les disposer à la concorde dans celui des passions. Certainement si j'avais besoin de quelque preuve bien frappante des mauvais effets de l'éducation ancienne, pour rendre les hommes jaloux, injurieux, à grandes prétentions et à petit talent, je ne voudrais pas lui en alléguer d'autre exemple que lui-même.

Il y a des êtres méchants sans nécessité. J'ai vu des pies tourner autour des cages des pigeons, uniquement pour leur crever les yeux. Ces oiseaux babillards et malfaisants se saisissent de tout ce qui brille, pour le cacher dans leurs trous. J'ai balancé si je ne mettrais pas les détracteurs de mes ouvrages dans le Préambule de ma Chaumière, comme on cloue des pies sur la porte d'un colombier; mais je me suis ressouvenu de ce précepte de Pythagore : « Ne charge pas « tes enfants de ta vengeance. » Pensées de ma solitude, filles de la nature, vous n'êtes point renfermées dans des cages, et l'envie ne pourra vous crever les yeux; libres comme votre mère, vous parcourrez un jour les diverses régions de la terre, vous reposant près des cœurs sensibles, et leur portant, comme des colombes, l'amour et la paix.

En défendant la vérité de mes ennemis, je tairai donc leurs noms, quoique dans leurs journaux ils aient nommé ou désigné le mien. Ces trompettes de différents partis se sont rendus les dispensateurs de la louange et du blâme; mais ils ne sont redoutables qu'aux ames énervées par notre éducation ambitieuse. On ne donne à un homme le pouvoir de nous déshonorer que quand on lui a donné celui de nous honorer. Tout flatteur est calomniateur. Pour moi, je n'attends mon jugement que de l'opinion publique : c'est à elle à faire justice de ces petits tribunaux qui s'élèvent de leur propre autorité pour lui donner des lois. Elle a détruit des aristocraties qui s'étaient emparées de l'honneur, de la justice, de la conscience des peuples : c'est à elle à réformer celles qui ont envahi les arts, les sciences, les lettres, et les plus nobles facultés de la raison humaine, le tout souvent pour le profit d'un entrepreneur, qui trafique de leur politique, de leur philosophie et de leur théologie.

Mettant donc à part tout ce qui m'est personnel, je ne répondrai qu'à quelques objections faites contre des vérités morales, qui sont les premiers principes de l'amour que nous devons à Dieu et aux hommes. Cette réponse servira de suite aux Études de la Nature, et aux Vœux d'un Solitaire, dans lesquels je me suis particulièrement occupé des bases fondamentales de la société humaine, relativement à notre nouvelle constitution. Quant aux vérités physiques, d'où dépendent, selon moi, les premières connaissances du globe, je veux dire l'allongement de ses pôles, et la circulation de ses mers qui en découlent tour à tour, je les réserve pour un autre ouvrage, où j'espère, graces à Dieu, après avoir réfuté les systèmes contraires, ajouter de nouvelles preuves à ma théorie, et les mettre avec les anciennes dans un ordre qui ne laissera rien à desirer.

En attendant, je répondrai à ceux qui m'accusent d'avoir voulu, dans ma Chaumière Indienne, faire la satire de nos prêtres sous le nom de Brames, que si c'eût été mon intention, j'aurais fait voyager le docteur anglais, non chez les brames, mais chez le Dalaï-Lama, l'image vivante du dieu Fo, dont le clergé a une hiérarchie, des cérémonies et des dogmes si semblables à ceux de l'église romaine, que les missionnaires jésuites Grebner, Désideri, Gerbillon, et le père Horace de la Penna, capucin, qui y ont voyagé, et nous en ont donné des relations, croient que le christianisme y a été autrefois prêché. On peut consulter sur ces conformités le septième tome de l'Histoire générale de l'abbé Prévost; mais, suivant l'observation même de ce rédacteur, les usages religieux des prêtres Lamas paraissent beaucoup plus anciens, puisque Fo ou La, le fondateur de leur religion, est né 1026 ans avant Jésus-Christ. Je n'ai donc voulu peindre dans les brames que les brames; et c'est ce que savent tous ceux qui ont été dans l'Inde, ou qui en ont lu les relations.

Il y a bien plus: c'est que, loin d'avoir voulu attaquer la religion chrétienne, j'ai représenté un homme rempli de son esprit, dans le respectable habitant de la chaumière indienne. Le Paria est l'homme de l'Évangile; il aime tous les hommes, et il fait du bien même à ses ennemis; il ne se fie qu'à Dieu seul. A la vérité, il n'a point de foi aux livres; en quoi il est fort excusable, puisqu'il ne sait point lire. Mais ce n'était point avec des livres que Jésus, qui n'en a jamais fait, appelait ses apôtres, qui n'étaient guère plus savants que le Paria; c'était par sa bonté, sa charité et la sublimité de sa morale, dont les premières lois ne sont point imprimées dans des livres, mais dans le cœur humain, et dont la lumière éclaire, suivant saint Jean, tout homme venant en ce monde. Jésus n'a rien écrit qu'à l'occasion des docteurs de la loi, qui accusaient la femme adultère. On a supposé, avec vraisemblance, que c'étaient leurs propres péchés; mais il est digne de remarque qu'il ne les écrivit que sur le sable. J'ai donc tâché, par l'exemple du Paria, et conformément à la doctrine de Jésus, de rapprocher les infortunés de Dieu et des hommes, en leur montrant que Dieu a mis dans leur propre cœur une source de vérités éternelles, où chacun d'eux peut puiser pour ses besoins, et que les méchants ne peuvent troubler. C'est à ce sujet que le Paria, interrogé par le docteur anglais, s'il faut dire la vérité aux hommes, répond comme Jésus, qu'il ne faut pas la dire aux méchants; et se servant d'une similitude semblable, il compare la vérité à une perle fine, et le méchant au crocodile. « Ne jetez pas, « dit Jésus, les perles devant les pour« ceaux, de peur qu'ils ne les foulent « aux pieds, et que, se tournant contre « vous, ils ne vous déchirent. » Matth. ch. 7, v. 6. Enfin, c'est aux hommes semblables au Paria, pauvres d'esprit, doux, affligés, victimes de l'injustice, charitables, purs, pacifiques et persécutés, que Jésus a promis les huit béatitudes de la terre et du ciel, quoiqu'ils ne sachent pas lire; tandis qu'il menace des huit malédictions de l'enfer ceux qui, prenant le nom de docteur, qu'il interdit à ses disciples, ferment aux hommes le royaume des cieux, dévorent les maisons des veuves sous prétexte de leurs prières, courent la mer et la terre pour faire des prosélytes, dispensent des serments, sacrifient la justice, la miséricorde et la confiance en Dieu, à de simples règlements de discipline, ne nettoient que les dehors de leur coupe, sont semblables à des sépulcres blanchis, et élèvent avec faste des monuments religieux, pour en imposer aux hommes. Matth. ch. 5 et 23.

Je ne dissimulerai pas qu'en venant au secours des malheureux, suivant la devise de mes écrits, j'ai tâché de renverser leurs tyrans, de quelque espèce qu'ils puissent être. Celle de leurs maximes la plus universellement répandue, est que les enfants sont héritiers des vertus et des vices de leurs pères. C'est ainsi que l'ambition a tendu ses chaînes non-seulement dans le présent, mais dans le passé et dans l'avenir. Toute tyrannie est fondée sur une erreur souvent consacrée par la religion; c'est à l'influence prétendue de la naissance que sont attachés la plupart des maux du genre humain. C'est sur elle que sont fondés, d'un côté, la haine et le mépris qui accablent une foule d'hommes utiles, et même des peuples entiers, l'esclavage des Nègres, les persécutions faites aux Juifs, l'ancienne servitude féodale de nos paysans, l'oppression des Guèbres chez les Turcs, l'infamie des Parias chez les Indiens, etc....; et d'un autre côté, les prérogatives et les respects accordés aux castes nobles et religieuses de l'Asie et de l'Europe, telles que les naïres, les brames, etc..... Cette opinion fait irrévocablement le malheur des hommes, lorsqu'elle se combine avec la religion; car elle inspire aux uns un orgueil intolérable, en leur persuadant qu'ils sont revêtus d'une origine et d'une puissance céleste, et elle jette les autres dans le désespoir, en les empêchant d'oser lever les yeux vers une divinité implacable dont ils se croient les victimes de père en fils.

Si les armes de la raison m'eussent manqué pour combattre une erreur si injurieuse à Dieu et si funeste aux hommes, j'en eusse trouvé dans les livres mêmes dont des docteurs de mauvaise foi se sont servis pour l'établir parmi nous. Du temps du prophète Ézéchiel, les Israélites, accablés de maux, accusaient d'injustice Dieu, qui, selon eux, leur faisait porter la peine des fautes de leurs pères. Ils disaient : « Les pères ont mangé des

« raisins verts, et les dents des enfants « en sont agacées. » Ézéchiel leur répond au nom de Dieu : « Je jure par « moi-même, dit le Seigneur, que cette « parabole ne passera plus parmi vous « en proverbe dans Israël; car toutes « les ames sont à moi : l'ame du fils est « à moi comme l'ame du père. Le fils « ne portera point l'iniquité du père, « et le père ne portera point l'iniquité « du fils. La justice du juste sera sur « lui, et l'impiété de l'impie sera sur « lui. » Ézéchiel, ch. 18, v. 2, 3, 20. On ne peut rien de plus précis pour prouver l'innocence naturelle de l'homme. La même vérité se retrouve dans l'Évangile. Quoique les Juifs fussent alors fort corrompus, Jésus regarde leurs enfants comme innocents. Il dit à ses disciples, qui les repoussaient avec des paroles rudes : « Laissez ve- « nir à moi les petits enfants, et ne les

« en empêchez point; car le royaume « du ciel est pour ceux qui leur ressem- « blent. » Matth. ch. 18, v. 16. Il dit ailleurs : « Quiconque reçoit un enfant « en mon nom, me reçoit. » Certainement il n'eût pas parlé ainsi des enfants, si les vices des pères les eussent entachés.

J'ai fait raisonner le Paria comme le prophète Ézéchiel, et je l'ai fait agir comme un disciple de Jésus. L'Évangile n'est que l'expression des lois sublimes de la nature. Quand nous n'aurions pas l'autorité de ce livre sacré, nous avons celle de la nature même. Nous voyons tous les jours les enfants différer essentiellement de leurs pères. Si les qualités morales se transmettaient par la naissance, on verrait des races invariables de Socrates, de Catons, de Nérons, de Tibères; ou plutôt tous les hommes seraient absolument semblables, puisqu'ils sortent tous du premier homme.

C'est cependant sur cette opinion si réfutée par l'expérience, que les aristocraties fondent leurs prérogatives. Dans nos écoles, qui ont flatté toutes les tyrannies, on les soutient par des raisonnements subtils. Tous les hommes, y dit-on, ont été contenus de père en fils dans le premier homme, comme des gobelets renfermés les uns dans les autres. Leur naissance n'est que leur développement. Il en est de même de tous les êtres organisés. Chaque individu sort de son premier germe, où il était enclos avec toute sa postérité. Le premier gland renfermait tous les chênes de l'univers. On cite en preuve visible un ognon de tulipe, qui renferme sa fleur déja toute formée; et si on n'aperçoit pas, dit-on, dans les semences de cette fleur, une seconde génération de tulipes, c'est que l'œil de l'homme ne peut pas porter plus loin ses observations. Nos docteurs, non contents de resserrer une quantité infinie de matière dans un espace très-petit, étendent, avec la même facilité, une très-petite portion de matière dans un espace infiniment grand. Si vous mettez, disent-ils, un grain de carmin dissoudre dans une pinte d'eau, toute cette eau sera colorée de rouge. Si vous la mêlez à l'eau d'un tonneau, chaque goutte d'eau du tonneau aura une portion d'eau carminée. Si vous videz le tonneau dans un lac, chaque goutte du lac contiendra une portion de l'eau rougie du tonneau. Enfin, si vous faites écouler le lac dans la mer, chaque goutte d'eau de la mer renfermera une portion de l'eau carminée du lac. Ainsi un grain de carmin s'étend dans tout l'Océan. Voilà comme se prouve, selon eux, la divisibilité de la matière à l'infini, en descendant du grand au petit, et en remontant du petit au grand. J'ai passé de beaux jours de ma jeunesse à combattre ces chimères dans nos écoles dites de philosophie. Quand je rejetais l'incompréhensibilité de ces raisonnements, on m'objectait l'insuffisance de ma raison. On m'opposait l'autorité géométrique, en me citant, dans les asymptotes de l'hyperbole, deux lignes qui vont toujours s'approchant de la courbe sans jamais la rencontrer. Ce n'était qu'un sophisme de plus. Le mal est que, de cette descendance à l'infini, on tire des conséquences dangereuses pour le malheur de plusieurs tribus, et surtout pour celui du genre humain.

J'aurais pu me démontrer la fausseté de ce principe, d'après l'injustice de ses conséquences; car tout mal a pour racine quelque erreur, comme tout bien émane de quelque vérité. Ainsi Dieu n'est la source de l'intelligence que parce qu'il est celle de la bonté. Mais il s'agissait moins de régler mon cœur que d'éclairer mon esprit. Il fallait donc le débarrasser des subtilités de l'école. Je ne le croyais pas d'une qualité différente de celui de nos docteurs, qui prétendaient concevoir et expliquer leur mystère; et puisque je voyais des contradictions où ils assuraient apercevoir l'évidence, j'en concluais que leur raison ou la mienne était dans l'erreur. Pour rectifier en moi cette règle de nos jugements, je ne l'appliquai pas sur des lois écrites dans des livres, ces ouvrages des hommes sujets comme moi à se tromper, mais sur les lois de la nature, cet ouvrage de Dieu qui ne s'égare jamais. C'est le sentiment de ses lois qui forme l'évidence, ce *nec plus ultrà* de la raison humaine.

D'abord il me parut certain que toute progression infinie descendante devait se terminer à zéro. Je pris pour comparaison une échelle formée de deux montants inclinés l'un vers l'autre. Il me parut évident que ces deux montants, prolongés du côté où ils se rapprochent, devaient nécessairement se rencontrer, et que les échelons compris entre eux devaient aussi aller toujours en diminuant, de sorte qu'au point où les deux montants se toucheraient, le dernier échelon se trouverait réduit à rien. Je suppose donc que les deux montants représentent le premier mâle et la première femelle dans chaque espèce d'être, et les échelons les générations, descendantes du père et de la mère; il est clair que ces générations iront en diminuant, puisque la première renferme la seconde, la seconde la troisième, etc..... Ainsi la dernière génération enclose dans le père et la mère, comme le dernier échelon compris entre les deux montants de l'échelle, doit, au bout de quelques degrés, se réduire à rien.

Cette démonstration me parut bien autrement sensible, quand j'eus étudié les lois mêmes de la nature. J'y vis clairement que si Dieu eût renfermé toutes les générations de chaque être dans un premier germe, il eût contrevenu aux lois qu'il a établies lui-même pour engendrer successivement les générations, et les rendre productives à leur tour. Ces lois sont celles de l'amour, qui existent pour les hommes, les animaux, les végétaux, et peut-être pour des êtres d'un autre règne. L'exemple d'un ognon de tulipe, qui renferme sa fleur toute formée, en est une preuve. Cette fleur enclose n'est composée que d'embryons floraux, dont les pétales ont besoin d'être développés par le concours des éléments. Ses anthères, ou parties mâles, ont besoin pareillement de devenir fécondantes par l'action du soleil, et les stygmates du pistil, ou parties femelles de la fleur, d'être fécondées par les poussières séminales des anthères, pour que les semences enfermées dans l'ovaire puissent produire des tulipes. Ainsi toute l'échelle de cette prétendue descendance infinie de tulipes se termine au premier ognon. D'ailleurs, la semence de la tulipe n'est pas même un ognon, puisque, pour parvenir à cet état, il faut qu'elle soit mise en terre, et que chaque lune la couvre d'une nouvelle couche concentrique, comme les plantes bulbeuses et plusieurs autres racines. En prenant pour exemple un gland, et en supposant qu'on puisse y apercevoir un chêne renfermé, certainement on n'y verrait pas les rudiments de ses noueuses racines, qui doivent percer le lit des rochers, ni ceux de son tronc, ouvrage des siècles, auquel chaque année solaire ajoute un cercle, comme chaque mois lunaire ajoute un cercle aux plantes bulbeuses. Il est d'ailleurs impossible que ce chêne embryon porte actuellement des glands; car la génération de ces glands dépend de la fécondation de leurs fleurs mâles et femelles qui n'existent pas encore, puisqu'elles ne paraissent sur l'arbre même qu'après un certain nombre d'années, lorsqu'il est en quelque sorte adulte. Ainsi la prétendue suite infinie de chênes, renfermée dans un premier gland, se termine tout au plus à un premier chêne embryon. Il en est de même des générations successives des hommes. En supposant que le premier de tous ait renfermé un embryon humain, cet embryon a eu besoin du sein maternel pour parvenir à la vie élémentaire, et de douze à quatorze ans pour se développer, et former en lui-même les molécules séminales qui doivent renfermer une seconde génération. L'anatomie n'a jamais découvert les molécules séminales dans les enfants morts avant l'âge de puberté; elles n'existent donc pas dans le premier embryon, qui a besoin lui-même du concours de deux sexes pour recevoir la vie élémentaire et développer ses organes. Ainsi la nature n'a pu renfermer toutes les générations de chaque être dans leur premier germe, puisque chaque génération ne peut recevoir l'existence que par l'action combinée d'un père et d'une mère, et qu'elle ne peut la donner à son tour à la génération suivante que par les mêmes moyens. Dire que tous les chênes étaient renfermés dans le premier gland, et toutes les générations de tous les hommes dans le premier embryon, c'est dire que tous les siècles du monde étaient renfermés dans la première minute. Ainsi un fils n'est pas plus contenu actuellement dans son père, que demain n'est renfermé dans aujourd'hui, et l'année prochaine dans l'année présente. Chaque enfant doit son existence au concours d'un mâle et d'une femelle, comme chaque année doit la sienne au mouvement combiné du soleil et de la terre; et l'enfant, comme l'année, ne devient capa-

5.

ble d'engendrer que par une suite périodique de jours et de saisons, que l'astre de la lumière, image de Dieu, produit successivement.

C'est cependant en soutenant que tous les hommes étaient renfermés dans leurs ancêtres, que nos écoles ont égaré les esprits pendant des siècles. Combien de conséquences dangereuses n'a-t-on pas tirées de cette métaphysique pour le malheur des hommes ! car, je le répète, il n'y a point d'erreur qui ne produise de mal, ni de mal qui ne provienne de l'erreur. Des écrivains ont de plus rendu des familles, des tribus, des peuples entiers, infames ou illustres, vicieux ou vertueux, uniquement à cause de leur origine : d'autres, et souvent les mêmes, ont étendu une proscription universelle sur tout le genre humain, sans s'embarrasser même de se contredire par leurs exceptions. Cependant la nature leur faisait voir que, dans les mêmes familles, il y avait des hommes bons et méchants ; ce qui ne serait pas arrivé, s'ils avaient tous la même empreinte originelle, comme des pièces de métal frappées au même coin : d'ailleurs, si les vices et les vertus se transmettaient, il en serait de même des talents, des arts et des sciences. Un père savant engendrerait des enfants savants, comme on suppose qu'un père vertueux produit un enfant vertueux ; mais l'expérience prouve que les lumières et les erreurs, ainsi que les vertus et les vices, sont les fruits de l'éducation et des habitudes.

Je crois que tous les hommes sont sortis d'un premier homme, mais qu'ils sont formés successivement par le concours des deux sexes. La loi merveilleuse par laquelle on les suppose renfermés les uns dans les autres ne serait, au bout du compte, qu'une loi très-mécanique ; mais celle qui les produit par l'harmonie des amours est une loi divine.

C'est une loi toujours vivante, toujours aimante, et digne seule de l'auteur de l'univers. Il a engendré autrefois les genres, il engendre encore les individus ; il agit à chaque instant ; il fait intervenir tour à tour les harmonies élémentaires, filiales, végétales, animales, fraternelles, conjugales, maternelles, tributives, nationales, et jusqu'à celles de tout le genre humain, pour former un seul homme. Il fait naître des harmonies physiques, les harmonies morales ; des élémentaires, les premiers sentiments d'amour et de haine dans les enfants ; des filiales, leur reconnaissance et leur piété envers leurs parents; des végétales et des animales, l'intelligence de la nature et de son auteur dans les adolescents; des fraternelles, le sentiment de l'amitié et de l'égalité dans les jeunes gens; des conjugales, la foi, la constance, la générosité, et toutes les affections des amants; des paternelles, l'économie, la prudence, la force, et toutes les vertus domestiques qui honorent l'âge viril; des tributives, l'amour de la gloire qui naît du desir de servir ses semblables; des nationales, l'amour de la patrie, qui, dans un âge avancé, étend ses affections à toutes les tribus; et des harmonies du genre humain, la philanthropie qui embrasse toutes les nations, et qui résulte de l'expérience et de la sagesse des vieillards. Toutes ces harmonies physiques et morales sont encore divisées en actives et en passives, en positives et en négatives; et il résulte de leur accord le concert admirable de l'univers et du genre humain.

Dira-t-on maintenant qu'un homme renferme en lui toute sa postérité? Par la seule harmonie des sexes, chaque génération se trouve modifiée, de manière que, pour l'ordinaire, les mâles tiennent de la mère, et les filles du père, leur caractère et leur physionomie. Ainsi la nature se perpétue en se variant sans cesse. J'ai présenté, dans mes Études, quelques anneaux de la chaîne admirable de ces harmonies; mais si Dieu me donne un jour, loin des villes, le loisir et la grace de parcourir ce cercle d'amours et de vertus, je ferai voir que c'est à ces lois harmoniques que doivent se fixer toutes les lois sociales, puisque ce sont celles de la nature même. J'espère au moins y attacher celles de l'éducation nationale; car l'éducation ne doit être qu'un apprentissage de la vie humaine.

Nous tenons donc le premier germe de nos corps de nos parents, et souvent notre constitution physique, bonne ou mauvaise; mais il n'en est pas de même de notre constitution morale. Nos ames nous sont données innocentes et pures, parce qu'elles viennent de Dieu, et qu'elles sont à lui seul, comme le dit Ézéchiel : c'est à nous, avec son aide, à les conserver bonnes et justes. Il avait tracé, pour les développer, un cercle d'amours et de vertus : si nous en avons été rejetés par les dépravations de la société, nous y reviendrons en rentrant en nous-mêmes : le bonheur d'un seul homme est fondé sur les mêmes lois qui assurent celui du genre humain.

C'est d'après ce sentiment naturel

que le Paria se dégage des préjugés de son pays. J'ai regardé souvent comme un des plus grands malheurs de la condition humaine que la superstition vînt envahir, dès l'enfance, une ame innocente, sans qu'elle puisse s'en préserver; mais, considérant com bien les superstitieux étaient, par tout pays, opiniâtres, intolérants, durs et cruels, malgré les moyens que la nature leur présente dans le cours de la vie pour les ramener à la vérité et à la vertu, j'ai reconnu que la superstition était, comme l'athéisme, úne suite de l'ambition, et que, comme lui, elle en était la punition. En effet, on ne rend point un enfant superstitieux sans lui inspirer une ambition positive ou négative de sa religion on commence d'abord par lui en faire peur; bientôt il cherche à en effrayer les autres à son tour. Chacun volontiers fait part de l'objet de sa crainte, et garde pour soi celui de ses espérances (1). Les religions les plus tyranniques ont toujours fait le plus de prosélytes. Il faut donc préparer une ame innocente avec quelque vice étranger, pour y faire mordre la superstition, comme on ronge une laine blanche avec l'alun, pour la teindre en noir. Le Paria, en rentrant en lui-même, se dépouille des préjugés des brames, et se retrouve tel que la nature l'a fait, comme un sauvage qui,

(1) Le superstitieux passe souvent à l'athéisme; car, ses probabilités de salut étant en très-petit nombre, et celles de damnation étant infinies, il s'ensuit qu'il a beaucoup plus à craindre qu'à espérer, et dans cette inquiétude il se détermine à la longue à ne rien croire du tout. Il aime mieux croire que Dieu n'existe pas, que de croire qu'il est un tyran éternel. L'athée passe rarement à la superstition, par la raison qu'un homme ne retombe point en maladie quand une fois il est mort. La vraie religion est entre la superstition et l'athéisme, elle est la santé de l'ame.

en déposant l'habit dont les Européens l'avaient revêtu, échappe à-la-fois à la vanité qu'ils lui avaient inspirée, et à la servitude où ils voulaient le réduire.

Plusieurs personnes, considérant les erreurs et les terreurs qui se saisissent de nous dès la naissance, et nous enveloppent pendant tout le cours de notre vie, ont desiré, pour en être préservées, la solitude profonde du Paria sous le beau climat de l'Inde; mais nous en trouverons de plus inaccessibles que les rochers, et de plus douces que les figuiers des Banians, si nous rentrons en nous-mêmes. Le sort pouvait nous faire naître du temps des druides ou sous la tyrannie des brames, ou, ce qui renferme tous les maux, sous la peau d'un noir d'Afrique, livré en Amérique aux fouets et aux opinions des

Européens, et adorant jusqu'aux erreurs qui le rendent misérable; dans toutes ces modifications de la misère humaine, nous aurions reçu de la nature, pour contre-poids des maux des sociétés, une ame amie de la vérité. Cherchons donc en nous-mêmes, et dans la nature qui ne nous trompe point, la vérité qui doit nous éclairer. O homme, qui croyez qu'il n'y a dans l'univers d'autre livre que celui où on vous a appris à lire, et d'autre clarté que celle de votre lampe, regardez le livre de la nature et l'astre du jour qui l'éclaire pour l'instruction de tous les mortels! Lisez dans la nature, et vous verrez que toutes les vérités viennent de Dieu, comme toutes les lumières du soleil. Que vous faut-il donc pour les recueillir et les conserver? Un cœur pur, qui s'ouvre à la vérité et se ferme aux préjugés. La nature vous l'a donné en naissant, comme elle vous a donné des yeux pour voir la lumière, et des paupières pour les couvrir.

LA

CHAUMIÈRE
INDIENNE.

Il y a environ trente ans qu'il se forma à Londres une compagnie de savants anglais qui entreprit d'aller chercher, dans diverses parties du monde, des lumières sur toutes les sciences; afin d'éclairer les hommes et de les rendre plus heureux. Elle était défrayée par une compagnie de souscripteurs de la même nation, composée de négociants, de lords, d'évêques, d'universités, et de la famille royale d'Angleterre, à laquelle se joignirent quelques souverains du nord de l'Europe. Ces savants étaient au nombre de vingt; et la société royale de Londres avait donné à chacun d'eux un volume, contenant l'état

6.

des questions dont il devait rapporter les solutions. Ces questions montaient au nombre de trois mille cinq cents. Quoiqu'elles fussent toutes différentes pour chacun de ces docteurs, et convenables au pays où ils devaient voyager, elles étaient toutes liées entre elles, en sorte que la lumière répandue sur l'une devait nécessairement s'étendre sur toutes les autres. Le président de la société royale, qui les avait rédigées à l'aide de ses confrères, avait fort bien senti que l'éclaircissement d'une difficulté dépend souvent de la solution d'une autre, et celle-ci d'une précédente ; ce qui mène, dans la recherche de la vérité, bien plus loin qu'on ne pense. Enfin, pour me servir des expressions même employées par le président dans leurs instructions, c'était le plus superbe édifice encyclopédique qu'aucune nation eût encore élevé aux progrès des connaissances humaines ; ce qui prouve bien, ajoutait-il, la nécessité des corps académiques, pour mettre de l'ensemble dans les vérités dispersées par toute la terre.

Chacun de ces savants voyageurs avait, outre son volume de questions à éclaircir, la commission d'acheter, chemin faisant, les plus anciens exemplaires de la Bible, et les manuscrits les plus rares en tout genre, ou au moins de ne rien épargner pour s'en procurer de bonnes copies. Pour cela, leurs souscripteurs leur avaient procuré, à tous, des lettres de recommandation pour les consuls, ministres et ambassadeurs de la Grande-Bretagne, qu'ils devaient trouver sur leur route, et, ce qui vaut encore mieux, de bonnes lettres de change, endossées par les plus fameux banquiers de Londres.

Le plus savant de ces docteurs, qui savait l'hébreu, l'arabe et l'indou, fut envoyé par terre aux Indes orientales, le berceau de tous les arts et de toutes les sciences. Il prit d'abord son chemin par la Hollande, et visita successivement la synagogue d'Amsterdam et le synode de Dordrecht; en France, la Sorbonne et l'académie des sciences de Paris; en Italie, quantité d'académies, de muséum et de bibliothèques, entre autres le muséum de Florence, la bibliothèque de Saint-Marc, à Venise; et à Rome, celle du Vatican. Étant à Rome, il balança si, avant de se diriger vers l'orient, il irait en Espagne consulter la fameuse université de Salamanque; mais, dans la crainte de l'inquisition, il aima mieux s'embarquer tout droit pour la Turquie. Il passa donc à Constantinople, où, pour son argent, un effendi le mit à même de feuilleter tous les livres de la mosquée de Sainte-Sophie. De là il fut en Égypte, chez les Cophtes; puis chez les Maronites du mont Liban, les moines du mont Carmel; de là à Sana, en Arabie; ensuite à Ispahan, à Kandahar, Delhi, Agra : enfin, après trois ans de courses, il arriva sur les bords du Gange, à Bénarès, l'Athènes des Indes, où il conféra avec les brames. Sa collection d'anciennes éditions, de livres originaux, de manuscrits rares, de copies, d'extraits et d'annotations en tout genre, se trouva alors la plus considérable qu'aucun particulier eût jamais faite. Il suffit de dire qu'elle composait quatre-vingt-dix ballots pesant ensemble neuf mille cinq cent quarante cinq livres, poids de Troye (1). Il était sur le point de s'embarquer pour Londres avec une si riche cargaison de lumières, plein de joie d'avoir surpassé les espérances de la société royale, lorsqu'une réflexion toute simple vint l'accabler de chagrin.

Il pensa qu'après avoir conféré avec les rabbins juifs, les ministres protestants, les surintendants des églises luthériennes, les docteurs catholiques, les académiciens de Paris, de la Crusca, des Arcades, et de

(1) Le poids de Troye, autrement dit livre de Troye ou troyenne (en anglais Pound-Troy) est de douze onces, poids de marc.

vingt-quatre autres des plus célèbres académies d'Italie, les papas grecs, les mollhas turcs, les verbiests arméniens, les seidres et les casys persans, les scheics arabes, les anciens parsis, les pandects indiens, que loin d'avoir éclairci aucune des trois mille cinq cents questions de la société royale, il n'avait contribué qu'à en multiplier les doutes; et comme elles étaient toutes liées les unes aux autres, il s'ensuivait, au contraire de ce qu'avait pensé son illustre président, que l'obscurité d'une solution obscurcissait l'évidence d'une autre, que les vérités les plus claires étaient devenues tout-à-fait problématiques, et qu'il était même impossible d'en démêler aucune dans ce vaste labyrinthe de réponses et d'autorités contradictoires.

Le docteur en jugeait par un simple aperçu. Parmi ces questions, il y en avait à résoudre deux cents sur la théologie des Hébreux; quatre cent quatre-vingts sur celle des diverses communions de l'église grecque et de l'église romaine; trois cent douze sur l'ancienne religion des brames; cinq cent huit sur la langue hanscrit ou sacrée; trois sur l'état actuel du peuple indien; deux cent onze sur le commerce des Anglais aux Indes; sept cent vingt-neuf sur les anciens monuments des îles d'Eléphanta et de Salsette, dans le voisinage de l'île de Bombay; cinq sur l'antiquité du monde; six cent soixante-treize sur l'origine de l'ambre gris, et sur les propriétés de différentes espèces de bézoards; une sur la cause non encore examinée du cours de l'océan indien, qui flue six mois vers l'orient et six mois vers l'occident; et trois cent soixante-dix-huit sur les sources et les inondations périodiques du Gange. A cette occasion, le docteur était invité de recueillir, sur sa route, tout ce qu'il pourrait touchant les sources et les inondations du Nil, qui occupaient les savants de l'Europe depuis tant de siècles.

Mais il jugea cette matière suffisamment débattue, et étrangère d'ailleurs à sa mission. Or, sur chacune des questions proposées par la société royale, il apportait, l'une dans l'autre, cinq solutions différentes, qui, pour les trois mille cinq cents questions, donnaient dix-sept mille cinq cents réponses; et en supposant que chacun de ses dix-neuf confrères en rapportât autant de son côté, il s'ensuivait que la société royale aurait trois cent cinquante mille difficultés à résoudre avant de pouvoir établir aucune vérité sur une base solide. Ainsi, toute leur collection, loin de faire converger chaque proposition vers un centre commun, suivant les termes de leur instruction, les ferait au contraire diverger l'une de l'autre, sans qu'il fût possible de les rapprocher. Une autre réflexion faisait encore plus de peine au docteur: c'est que, quoiqu'il eût employé dans ses laborieuses recherches tout le sang-froid de son pays, et une politesse qui lui était particulière, il s'était fait des ennemis implacables de la plupart des docteurs avec lesquels il avait argumenté. Que deviendra donc, disait-il, le repos de mes compatriotes, quand je leur aurai rapporté dans mes quatre-vingt-dix ballots, au lieu de la vérité, de nouveaux sujets de doutes et de disputes?

Il était au moment de s'embarquer pour l'Angleterre, plein de perplexité et d'ennui, lorsque les brames de Bénarès lui apprirent que le brame supérieur de la fameuse pagode de Jagrenat, ou Jagernat, située sur la côte d'Orixa, au bord de la mer, près d'une des embouchures du Gange, était seul capable de résoudre toutes les questions de la société royale de Londres. C'était en effet le plus fameux pandect, ou docteur, dont on eût jamais ouï parler : on venait le consulter de toutes les parties de l'Inde, et de plusieurs royaumes de l'Asie.

Aussitôt le docteur anglais partit pour

Calcutta, et s'adressa au directeur de la compagnie anglaise des Indes, qui, pour l'honneur de sa nation et la gloire des sciences, lui donna, pour le porter à Jagrenat, un palanquin à tendelets de soie cramoisie, à glands d'or, avec deux relais de vigoureux coulis, ou porteurs, de quatre hommes chacun; deux portefaix; un porteur d'eau, un porteur de gargoulette, pour le rafraîchir; un porteur de pipe; un porteur d'ombrelle, pour le couvrir du soleil le jour; un masalchi, ou porte-flambeau, pour la nuit; un fendeur de bois; deux cuisiniers; deux chameaux, et leurs conducteurs, pour porter ses provisions et ses bagages; deux pions, ou coureurs, pour l'annoncer; quatre cipayes, ou reisputes montés sur des chevaux persans, pour l'escorter; et un porte-étendard, avec son étendard aux armes d'Angleterre. On eût pris le docteur, avec son bel équipage, pour un commis de la compagnie des Indes. Il y avait cependant cette différence, que le docteur, au lieu d'aller chercher des présents, était chargé d'en faire. Comme on ne paraît point, aux Indes, les mains vides devant les personnes constituées en dignité, le directeur lui avait donné, aux frais de sa nation, un beau télescope, et un tapis de pied de Perse pour le chef des brames; des chittes superbes pour sa femme, et trois pièces de taffetas de la Chine, rouges, blanches et jaunes, pour faire des écharpes à ses disciples. Les présents chargés sur les chameaux, le docteur se mit en route dans son palanquin, avec le livre de la société royale.

Chemin faisant, il pensait à la question par laquelle il débuterait avec le chef des brames de Jagrenat; s'il commencerait par une des trois cent soixante-dix-huit qui avaient rapport aux sources et aux inondations du Gange, ou par celle qui regardait le cours alternatif et semi-annuel de la mer des Indes, qui pouvait servir à découvrir les sources et les mouvements périodiques de l'Océan par tout le globe. Mais quoique cette question intéressât la physique infiniment plus que toutes celles qui avaient été faites depuis tant de siècles sur les sources et les accroissements même du Nil, elle n'avait pas encore attiré l'attention des savants de l'Europe. Il préférait donc d'interroger le brame sur l'universalité du déluge, qui a excité tant de disputes; ou, en remontant plus haut, s'il est vrai que le soleil ait changé plusieurs fois son cours, se levant à l'occident et se couchant à l'orient, suivant la tradition des prêtres de l'Égypte, rapportée par Hérodote; et même sur l'époque de la création de la terre, à laquelle les Indiens donnent plusieurs millions d'années d'antiquité. Quelquefois il trouvait qu'il serait plus utile de le consulter sur la meilleure sorte de gouvernement à donner à une nation, et même sur les droits de l'homme, dont il n'y a de code nulle part; mais ces dernières questions n'étaient pas dans son livre.

Cependant, disait le docteur, avant tout, il me semblerait à propos de demander au pandect indien par quel moyen on peut trouver la vérité; car si c'est avec la raison, comme j'ai tâché de le faire jusqu'à présent, la raison varie chez tous les hommes : je dois lui demander aussi où il faut chercher la vérité; car si c'est dans les livres, ils se contredisent tous : et enfin, s'il faut communiquer la vérité aux hommes; car dès qu'on la leur fait connaître, on se brouille avec eux. Voilà trois questions préalables auxquelles notre illustre président n'a pas pensé. Si le bramo de Jagrenat peut me les résoudre, j'aurai la clef de toutes les sciences, et, ce qui vaut encore mieux, je vivrai en paix avec tout le monde.

C'est ainsi que le docteur raisonnait avec lui-même. Après dix jours de marche, il arriva sur les bords du golfe du Bengale;

il rencontra sur sa route quantité de gens qui revenaient de Jagrenat, tous enchantés de la science du chef des pandects qu'ils venaient de consulter. Le onzième jour, au soleil levant, il aperçut la fameuse pagode de Jagrénat, bâtie sur le bord de la mer, qu'elle semblait dominer avec ses grands murs rouges et ses galeries, ses dômes et ses tourelles de marbre blanc. Elle s'élevait au centre de neuf avenues d'arbres toujours verts, qui divergent vers autant de royaumes. Chacune de ces avenues est formée d'une espèce d'arbres différente, de palmiers arecs, de tecques, de cocotiers, de manguiers, de lataniers, d'arbres de camphre, de bambous, de badamiers, d'arbres de sandal; et se dirige vers Ceylan, Golconde, l'Arabie, la Perse, le Thibet, la Chine, le royaume d'Ava, celui de Siam, et les îles de la mer des Indes. Le docteur arriva à la pagode par l'avenue de bambous, qui côtoie le Gange et les îles enchantées de son embouchure. Cette pagode, quoique bâtie dans une plaine, est si élevée que, l'ayant aperçue le matin, il ne put s'y rendre que vers le soir. Il fut véritablement frappé d'admiration quand il considéra de près sa magnificence et sa grandeur. Ses portes de bronze étincelaient des rayons du soleil couchant; et les aigles planaient autour de son faîte, qui se perdait dans les nues. Elle était entourée de grands bassins de marbre blanc, qui réfléchissaient au fond de leurs eaux transparentes ses dômes, ses galeries et ses portes : tout autour régnaient de vastes cours, et des jardins environnés de grands bâtiments où logeaient les brames qui la desservaient.

Les pions du docteur coururent l'annoncer; et aussitôt une troupe de jeunes bayadères sortit d'un des jardins, et vint au-devant de lui en chantant et en dansant au son des tambours de basque. Elles avaient pour colliers des cordons de fleurs de mougris; et pour ceintures, des guirlandes de fleurs de frangipanier. Le docteur, entouré de leurs parfums, de leurs danses et de leur musique, s'avança jusqu'à la porte de la pagode, au fond de laquelle il aperçut, à la clarté de plusieurs lampes d'or et d'argent, la statue de Jagrenat, la septième incarnation de Brama, en forme de pyramide, sans pieds et sans mains, qu'il avait perdus en voulant porter le monde pour le sauver (1). A ses pieds étaient prosternés, la face contre terre, des pénitents, dont les uns promettaient, à haute voix, de se faire accrocher, le jour de sa fête, à son char par les épaules; et les autres, de se faire écraser sous ses roues. Quoique le spectacle de ces fanatiques, qui poussaient de profonds gémissements en prononçant leurs horribles vœux, inspirât une sorte de terreur, le docteur se préparait à entrer dans la

(1) Voyez Kircher.

pagode, lorsqu'un vieux brame, qui en gardait la porte, l'arrêta, et lui demanda quel était le sujet qui l'amenait. Lorsqu'il l'eut appris, il dit au docteur : « Qu'attendu « sa qualité de frangui, ou d'impur, il ne « pouvait se présenter, ni devant Jagrenat, « ni devant son grand-prêtre, qu'il n'eût « été lavé trois fois dans un des lavoirs du « temple, et qu'il n'eût rien sur lui qui « fût de la dépouille d'aucun animal; mais « surtout ni poil de vache, parce qu'elle « est adorée des brames, ni poil de porc, « parce qu'il leur est en horreur. — Com« ment ferai-je donc? lui répondit le doc« teur. J'apporte en présent, au chef des « brames, un tapis de Perse, de poil de « chèvre d'Angora; et des étoffes de la « Chine, qui sont de soie. — Toutes choses, « repartit le brame, offertes au temple de « Jagrenat, ou à son grand-prêtre, sont « purifiées par le don même; mais il n'en « peut être ainsi de vos habillements. » Il fallut donc que le docteur ôtât son surtout de laine d'Angleterre, ses souliers de peau de chèvre, et son chapeau de castor. Ensuite, le vieux brame l'ayant lavé trois fois, le revêtit d'une toile de coton couleur de sandal, et le conduisit à l'entrée de l'appartement du chef des brames. Le docteur se préparait à y entrer, tenant sous son bras le livre des questions de la société royale, lorsque son introducteur lui demanda de quelle manière ce livre était couvert. Il est relié en veau, répondit le docteur. — Comment! dit le brame hors de lui, ne vous ai-je pas prévenu que la vache était adorée des brames? et vous osez vous présenter devant leur chef avec un livre couvert de la peau d'un veau! Le docteur aurait été obligé d'aller se purifier dans le Gange, s'il n'eût abrégé toute difficulté en présentant quelques pagodes, ou pièces d'or, à son introducteur. Il laissa donc le livre des questions dans son palanquin; mais il s'en consolait en lui-même, en disant : « Au bout du compte, je n'ai que trois questions à faire à ce docteur indien. Je serai content s'il m'apprend par quel moyen on doit chercher la vérité, où on peut la trouver, et s'il faut la communiquer aux hommes. »

Le vieux brame introduisit donc le docteur anglais, revêtu de sa toile de coton, nu-tête et nu-pieds, chez le grand-prêtre de Jagrenat, dans un vaste salon, soutenu par des colonnes de bois de sandal. Les murs en étaient verts, étant corroyés de stuc mêlé de bouze de vache, si brillant et si poli qu'on pouvait s'y mirer. Le plancher était couvert de nattes très-fines, de six pieds de long sur autant de large. Au fond du salon était une estrade, entourée d'une balustrade de bois d'ébène; et sur cette estrade, on entrevoyait, à travers un treillis de cannes d'Inde vernies en rouge, le vénérable chef des pandects avec sa barbe blanche, et trois fils de coton passés en bandoulière, suivant l'usage des brames. Il était assis sur un tapis jaune, les jambes croisées, dans un état d'immobilité si parfaite, qu'il ne remuait pas même les yeux. Quelques-uns de ses disciples chassaient les mouches autour de lui avec des éventails de queue de paon; d'autres brûlaient, dans des cassolettes d'argent, des parfums de bois d'aloès; et d'autres jouaient du tympanon sur un mode très-doux. Le reste, en grand nombre, parmi lesquels étaient des faquirs, des joguis et des santons, était rangé sur plusieurs files, des deux côtés de la salle, dans un profond silence, les yeux fixés en terre, et les bras croisés sur la poitrine.

Le docteur voulut d'abord s'avancer jusqu'au chef des pandects pour lui faire son compliment; mais son introducteur le retint à neuf nattes de là, en lui disant que les omrahs, ou grands seigneurs indiens, n'allaient pas plus loin; que les rajahs, ou souverains de l'Inde, ne s'avançaient qu'à six nattes; les princes, fils du Mogol, à trois; et qu'on n'accordait qu'au Mogol l'honneur d'approcher jusqu'au vénérable chef, pour lui baiser les pieds.

Cependant plusieurs brames apportèrent, jusqu'au pied de l'estrade, le télescope, les chittes, les pièces de soie et le tapis, que les gens du docteur avaient déposés à l'entrée de la salle; et le vieux brame y ayant jeté les yeux, sans donner aucune marque d'approbation, on les emporta dans l'intérieur des appartements.

Le docteur anglais allait commencer un fort beau discours en langue indou, lorsque son introducteur le prévint qu'il devait attendre que le grand-prêtre l'interrogeât. Il le fit donc asseoir sur ses talons, les jambes croisées comme un tailleur, suivant l'usage du pays. Le docteur murmurait en lui-même de tant de formalités; mais que ne fait-on pas pour trouver la vérité, après être venu la chercher aux Indes?

Dès que le docteur se fut assis, la musique se tut, et après quelques moments d'un profond silence, le chef des pandects lui fit demander pourquoi il était venu à Jagrenat.

Quoique le grand-prêtre de Jagrenat eût parlé en langage indou assez distinctement pour être entendu d'une partie de l'assemblée, sa parole fut portée par un faquir qui la donna à un autre, et cet autre à un troisième, qui la rendit au docteur. Celui-ci répondit dans la même langue : « Qu'il était venu à Jagrenat consulter le chef des brames, sur sa grande réputation, pour savoir de lui par quel moyen on pourrait connaître la vérité. »

La réponse du docteur fut apportée au chef des pandects par les mêmes interlocuteurs qui avaient été chargés de la demande. Il en fut ainsi du reste du colloque.

Le vieux chef des pandects, après s'être un peu recueilli, répondit : « La vérité ne se peut connaître que par le moyen des brames. » Alors toute l'assemblée s'inclina, en admirant la réponse de son chef.

« Où faut-il chercher la vérité? reprit assez vivement le docteur anglais. — Toute vérité, répondit le vieux docteur indien, est renfermée dans les quatre beths, écrits il y a cent vingt mille ans dans la langue hanscrit, dont les seuls brames ont l'intelligence. »

A ces mots, tout le salon retentit d'applaudissements.

Le docteur reprenant son sang-froid, dit au grand-prêtre de Jagrenat : « Puisque Dieu a renfermé la vérité dans des livres dont l'intelligence n'est réservée qu'aux brames, il s'ensuit donc que Dieu en a interdit la connaissance à la plupart des hommes, qui ignorent même s'il existe des brames : or, si cela était, Dieu ne serait pas juste. »

« Brama l'a voulu ainsi, reprit le grand-prêtre. On ne peut rien opposer à la volonté de Brama. » Les applaudissements de l'assemblée redoublèrent. Dès qu'ils se furent apaisés, l'Anglais proposa sa troisième question : « Faut-il communiquer la vérité aux hommes ? »

« Souvent, dit le vieux pandect, c'est prudence de la cacher à tout le monde ; mais c'est un devoir de la dire aux brames. »

« Comment, s'écria le docteur anglais en colère, il faut dire la vérité aux brames, qui ne la disent à personne ! En vérité, les brames sont bien injustes. »

A ces mots, il se fit un tumulte épouvantable dans l'assemblée. Elle avait entendu sans murmurer taxer Dieu d'injustice, mais il n'en fut pas de même quand elle s'entendit appliquer ce reproche. Les pandects, les faquirs, les santons, les joguis, les brames et leurs disciples voulaient argumenter tous à la fois contre le docteur anglais ; mais le grand-prêtre de Jagrenat fit cesser le bruit en frappant des mains, et disant d'une voix très-distincte : « Les « brames ne disputent point comme les doc- « teurs de l'Europe. » Alors s'étant levé, il se retira aux acclamations de toute l'assemblée, qui murmurait hautement contre le docteur, et lui aurait peut-être fait un mauvais parti sans la crainte des Anglais, dont le crédit est tout-puissant sur les bords du Gange. Le docteur étant sorti du salon, son introducteur lui dit : « Notre très-vénérable père vous aurait fait présenter, suivant l'usage, le sorbet, le bétel et les parfums; mais vous l'avez fâché. — Ce serait à moi à me fâcher, reprit le docteur, d'avoir pris tant de peines inutiles. Mais de quoi donc votre chef a-t-il à se plaindre? — Comment, reprit l'introducteur, vous voulez disputer contre lui! Ne savez-vous pas qu'il est l'oracle des Indes, et que chacune de ses paroles est un rayon d'intelligence? — Je ne m'en serais jamais douté », dit le docteur, en prenant son surtout, ses souliers et son chapeau. Le temps était à l'orage, et la nuit s'approchait; il demanda à la passer dans un des logements de la pagode; mais on lui refusa d'y coucher, à cause qu'il était frangui.

Comme la cérémonie l'avait fort altéré, il demanda à boire. On lui apporta de l'eau dans une gargoulette; mais dès qu'il y eut bu on la cassa, parce que, comme frangui, il l'avait souillée en buvant à même. Alors le docteur, très-piqué, appela ses gens, prosternés en adoration sur les degrés de la pagode, et étant remonté dans son palanquin, il se remit en route par l'allée des bambous, le long de la mer, à l'entrée de la nuit, et sous un ciel couvert de nuages. Chemin faisant, il se disait à lui-même : Le proverbe indien est bien vrai : tout Européen qui vient aux Indes gagne de la patience s'il n'en a pas, et il la perd s'il en a. Pour moi, j'ai perdu la mienne. Comment, je ne pourrai savoir par quel moyen on peut trouver la vérité, où il faut la chercher, et s'il faut la communiquer aux hommes! L'homme est donc condamné par toute la terre aux erreurs et aux disputes : c'était bien la peine de venir aux Indes consulter les bramea!

Pendant que le docteur raisonnait ainsi dans son palanquin, il survint un de ces ouragans, qu'on appelle aux Indes un typhon. Le vent venait de la mer, et faisant refluer les eaux du Gange, les brisait en écume contre les îles de son embouchure. Il enlevait de leurs rivages des colonnes de sable, et de leurs forêts des nuées de feuilles, qu'il emportait pêle-mêle à travers le fleuve et les campagnes, jusqu'au haut des airs. Quelquefois il s'engouffrait dans l'allée des bambous, et quoique ces roseaux indiens fussent aussi élevés que les plus grands arbres, il les agitait comme l'herbe des prairies. On voyait, à travers les tourbillons de poussière et de feuilles, leur longue avenue tout ondoyante, dont une partie se renversait à droite et à gauche jusqu'à terre, tandis que l'autre se relevait en gémissant. Les gens du docteur, dans la crainte d'en être écrasés, ou d'être submergés par les eaux du Gange qui débordaient déja leurs rivages, prirent leur chemin à travers les champs, en se dirigeant au hasard vers les hauteurs voisines. Cependant la nuit vint; et ils marchaient depuis trois heures dans l'obscurité la plus profonde, ne sachant où ils allaient, lorsqu'un éclair fendant les nues et blanchissant tout l'horizon, leur fit voir bien loin sur leur droite la pagode de Jagrenat, les îles du Gange, la mer agitée, et tout près, devant eux, un petit vallon et un bois entre deux collines. Ils coururent s'y réfugier, et déjà le tonnerre faisait entendre ses lugubres roulements, lorsqu'ils arrivèrent à l'entrée du vallon. Il était flanqué de rochers, et rempli de vieux arbres d'une grosseur prodigieuse. Quoique la tempête courbât leurs cimes avec d'horribles mugissements, leurs troncs monstrueux étaient inébranlables comme les rochers qui les environnaient. Cette portion de forêt antique paraissait l'asile du repos; mais il était difficile d'y pénétrer. Des rotins qui serpentaient à son orée, couvraient le pied de ces arbres, et des lianes qui s'élançaient d'un tronc à l'autre ne présentaient de tous côtés qu'un rempart de feuillages où paraissaient quelques cavernes de verdure, mais qui n'avaient point d'issue. Cependant les reispoutes s'y étant ouvert un passage avec leurs sabres, tous les gens de la suite y entrèrent avec le palanquin. Ils s'y croyaient à l'abri de l'orage, lorsque la pluie qui tombait à verse forma autour d'eux mille torrents. Dans cette perplexité, ils aperçurent sous les arbres, dans le lieu le plus étroit du vallon, une lumière et une cabane. Le masalchi y courut pour allumer son flambeau; mais il revint un peu après, hors d'haleine, criant: « N'approchez pas d'ici, il y a un paria! » Aussitôt la troupe effrayée cria: « Un paria? un paria! » Le docteur, croyant que c'était quelque animal féroce, mit la main sur ses pistolets. « Qu'est-ce qu'un paria? demanda-t-il à son porte-flambeau. — C'est, lui répondit celui-ci, un homme qui n'a ni foi ni loi. —

C'est, ajouta le chef des reispoutes, un Indien de caste si infame, qu'il est permis de le tuer, si on en est seulement touché. Si nous entrons chez lui, nous ne pouvons, de neuf lunes, mettre le pied dans aucune pagode, et pour nous purifier il faudra nous baigner neuf fois dans le Gange, et nous faire laver autant de fois, de la tête aux pieds, d'urine de vache, par la main d'un brame. » Tous les Indiens s'écrièrent: « Nous n'entrerons point chez un paria.— Comment, dit le docteur à son porte-flambeau, avez-vous su que votre compatriote était paria, c'est-à-dire sans foi ni loi? — C'est, répondit le porte-flambeau, que lorsque j'ai ouvert sa cabane, j'ai vu qu'il était couché avec son chien sur la même natte que sa femme, à laquelle il présentait à boire dans une corne de vache. » Tous les gens de la suite du docteur répétèrent: « Nous n'entrerons point chez un paria.— Restez ici si vous voulez, leur dit l'Anglais; pour moi, toutes les castes de l'Inde me sont égales, lorsqu'il s'agit de me mettre à l'abri de la pluie. »

En disant ces mots, il sauta en bas de son palanquin, et prenant sous son bras son livre de questions avec son sac de nuit, et à la main ses pistolets et sa pipe, il s'en vint tout seul à la porte de la cabane. A peine il y eut frappé, qu'un homme d'une physionomie fort douce vint lui en ouvrir la porte, et s'éloigna de lui aussitôt, en lui disant : « Seigneur, je ne suis qu'un pauvre paria, qui ne suis pas digne de vous recevoir; mais si vous jugez à propos de vous mettre à l'abri chez moi, vous m'honorerez beaucoup. — Mon frère, lui répondit l'Anglais, j'accepte de bon cœur votre hospitalité. » Cependant le paria sortit avec une torche à la main, une charge de bois sec sur son dos, et un panier plein de cocos et de bananes sous son bras; il s'approcha des gens de la suite du docteur, qui étaient à quelque distance de là sous un arbre, et leur dit : « Puisque vous ne voulez pas me faire l'honneur d'entrer chez moi, voilà des fruits enveloppés de leurs écorces que vous pouvez manger sans être souillés, et voilà du feu pour vous sécher et vous préserver des tigres. Que Dieu vous conserve! » Il rentra aussitôt dans sa cabane, et dit au docteur : « Seigneur, je vous le répète, je ne suis qu'un malheureux paria; mais, comme à votre teint blanc et à vos habits je vois que vous n'êtes pas Indien, j'espère que vous n'aurez pas de répugnance pour les aliments que vous présentera votre pauvre serviteur. » En même temps, il mit à terre, sur une natte, des mangues, des pommes de crème, des ignames, des patates cuites sous la cendre, des bananes grillées, et un pot de riz accommodé au sucre et au lait de coco; après quoi il se retira sur sa natte, auprès de sa femme et de son enfant, endormi près d'elle dans un berceau. « Homme vertueux, lui dit l'Anglais, vous valez beaucoup mieux que moi, puisque vous faites du bien à ceux qui vous méprisent. Si vous ne m'honorez pas de votre présence sur cette même natte, je croirai que vous me prenez moi-même pour un homme méchant, et je sors à l'instant de votre cabane, dussé-je être noyé par la pluie, ou dévoré par les tigres. »

Le paria vint s'asseoir sur la même natte que son hôte, et ils se mirent tous deux à manger. Cependant le docteur jouissait du plaisir d'être en sûreté au milieu de la tempête. La cabane était inébranlable : outre qu'elle était dans le plus étroit du vallon, elle était bâtie sous un arbre de war ou figuier des banians, dont les branches, qui poussent des paquets de racines à leurs extrémités, forment autant d'arcades qui appuient le tronc principal. Le feuillage de cet arbre était si épais, qu'il n'y passait pas une goutte de pluie; et quoique l'ouragan fît entendre ses terribles rugissements entremêlés des éclats de la foudre, la fumée du foyer qui sortait par le milieu du toit, et la lumière de la lampe, n'étaient pas même agitées. Le docteur admirait autour de lui le calme de l'Indien et de sa femme, encore plus profond que celui des éléments. Leur enfant, noir et poli comme l'ébène, dormait dans son berceau; sa mère le berçait avec son pied, tandis qu'elle s'amusait à lui faire un collier avec des pois d'angole rouges et noirs. Le père jetait alternativement sur l'un et sur l'autre des regards pleins de tendresse. Enfin, jusqu'au chien prenait part au bonheur commun; couché avec un chat auprès du feu, il entr'ouvrait de temps en temps les yeux, et soupirait en regardant son maître.

Dès que l'Anglais eut cessé de manger, le paria lui présenta un charbon de feu pour allumer sa pipe; et ayant pareillement allumé la sienne, il fit un signe à sa femme, qui apporta sur la natte deux tasses de coco, et une grande calebasse pleine de punch, qu'elle avait préparé, pendant le souper, avec de l'eau, de l'arack, du jus de citron et du jus de canne de sucre.

Pendant qu'ils fumaient et buvaient alternativement, le docteur dit à l'Indien : « Je vous crois un des hommes les plus heureux que j'aie jamais rencontrés, et par conséquent un des plus sages. Permettez-moi de vous faire quelques questions. Comment êtes-vous si tranquille au milieu d'un si terrible orage? Vous n'êtes cependant à couvert que par un arbre, et les arbres attirent la foudre. — Jamais, répondit le paria, la foudre n'est tombée sur un figuier des banians. — Voilà qui est fort curieux, reprit le docteur; c'est sans doute parce que cet arbre a une électricité négative, comme le laurier? — Je ne vous comprends pas, repartit le paria; mais ma femme croit que c'est parce que le dieu Brama se mit un jour à l'abri sous son feuillage : pour moi, je pense que Dieu, dans ces climats orageux, ayant donné au figuier des banians un feuillage fort épais, et des arcades pour y mettre les hommes à l'abri de l'orage, il ne permet pas qu'ils y soient atteints du tonnerre. — Votre réponse est bien religieuse, repartit le docteur. Ainsi c'est votre confiance en Dieu qui vous tranquillise. La conscience rassure mieux que la science. Dites-moi, je vous prie, de quelle secte vous êtes; car vous n'êtes d'aucune de celles des Indes, puisque aucun Indien ne veut communiquer avec vous. Dans la liste des castes savantes que je devais consulter sur ma route, je n'y ai point trouvé celle des parias. Dans quel canton de l'Inde est votre pagode? — Partout, répondit le paria : ma pagode c'est la nature; j'adore son auteur au lever du soleil, et je le bénis à son coucher. Instruit par le malheur, jamais je ne refuse mon secours à un plus malheureux que moi. Je tâche de rendre heureux ma femme, mon enfant, et même mon chat et mon chien. J'attends la mort à la fin de ma vie, comme un doux sommeil à la fin du jour. — Dans quel livre avez-vous puisé ces principes? demanda le docteur. — Dans la nature, répondit l'Indien; je n'en connais pas d'autre. — Ah! c'est un grand livre, dit l'Anglais : mais qui vous a appris à y lire? — Le malheur, reprit le paria : étant d'une caste réputée infame dans mon pays, ne pouvant être Indien, je me suis fait homme; repoussé par la société, je me suis réfugié dans la nature. — Mais dans votre solitude vous avez au moins quelques livres? reprit le docteur. — Pas un seul, dit le paria, je ne sais même ni lire ni écrire. — Vous vous êtes épargné bien des doutes, dit le docteur en se frottant le front. Pour moi, j'ai été envoyé d'Angleterre, ma patrie, pour chercher la vérité chez les savants de quantité de nations, afin d'éclairer les hommes et de les rendre plus heureux; mais après bien des recherches vaines, et des disputes fort graves, j'ai conclu que la recherche de la vérité était une folie, parce que, quand on la trouverait, on ne saurait à qui la dire sans se faire beaucoup d'ennemis. Parlez-moi sincèrement, ne pensez-vous pas comme moi?—Quoique je ne sois qu'un ignorant, répondit le paria, puisque vous me permettez de dire mon avis, je pense que tout homme est obligé de chercher la vérité pour son propre bonheur; autrement, il sera avare, ambitieux, superstitieux, méchant, anthropophage même, suivant les préjugés ou les intérêts de ceux qui l'auront élevé. »

Le docteur, qui pensait toujours aux trois questions qu'il avait proposées au chef des pandects, fut ravi de la réponse du paria. « Puisque vous croyez, lui dit-il, que tout homme est obligé de chercher la vérité, dites-moi donc d'abord de quel moyen on doit se servir pour la trouver; car nos sens nous trompent, et notre raison nous égare encore davantage. La raison diffère presque chez tous les hommes; elle n'est, je crois, au fond, que l'intérêt particulier de chacun d'eux : voilà pourquoi elle est si variable par toute la terre. Il n'y a pas deux religions, deux nations, deux tribus, deux familles, que dis-je? il n'y a pas deux hommes qui pensent de la même manière. Avec quel sens donc doit-on chercher la vérité, si celui de l'intelligence n'y peut servir? — Je crois, répondit le paria, que c'est avec un cœur simple. Les sens et l'esprit peuvent se tromper; mais un cœur simple, encore qu'il puisse être trompé, ne trompe jamais. »

« Votre réponse est profonde, dit le docteur. Il faut d'abord chercher la vérité avec son cœur, et non avec son esprit. Les hommes sentent tous de la même manière, et ils raisonnent différemment, parce que les principes de la vérité sont dans la nature, et que les conséquences qu'ils en tirent sont dans leurs intérêts. C'est donc avec un cœur simple qu'on doit chercher la vérité; car un cœur simple n'a jamais feint d'entendre ce qu'il n'entendait pas, et de croire ce qu'il ne croyait pas. Il n'aide point à se tromper, ni à tromper ensuite les autres : ainsi un cœur simple, loin d'être faible comme ceux de la plupart des hommes séduits par leurs intérêts, est fort, et tel qu'il convient pour chercher la vérité et pour la garder. — Vous avez développé mon idée bien mieux que je n'aurais fait, reprit le paria. La vérité est comme la rosée du ciel; pour la conserver pure, il faut la recueillir dans un vase pur. »

« C'est fort bien dit, homme sincère, reprit l'Anglais; mais le plus difficile reste à trouver. Où faut-il chercher la vérité? Un cœur simple dépend de nous, mais la vérité dépend des autres hommes. Où la trouvera-t-on, si ceux qui nous environnent sont séduits par leurs préjugés, ou corrompus par leurs intérêts, comme ils le sont pour la plupart? J'ai voyagé chez beaucoup de peuples; j'ai fouillé leurs bibliothèques, j'ai consulté leurs docteurs, et je n'ai trouvé partout que contradictions, doutes et opinions mille fois plus variés que leurs langages. Si donc on ne trouve pas la vérité dans les plus célèbres dépôts des connaissances humaines, où faudra-t-il l'aller chercher? à quoi servira d'avoir un cœur simple parmi des hommes qui ont l'esprit faux et le cœur corrompu? — La vérité me serait suspecte, répondit le paria, si elle ne venait à moi que par le moyen des hommes : ce n'est point parmi eux qu'il faut la chercher, c'est dans la nature. La nature est la source de tout ce qui existe; son langage n'est point inintelligible et variable, comme celui des hommes et de leurs livres. Les hommes font des livres, mais la nature fait des choses. Fonder la vérité sur un livre, c'est comme si on la fondait sur un tableau, ou sur une statue, qui ne peut intéresser qu'un pays, et que le temps altère chaque jour. Tout livre est l'art d'un homme, mais la nature est l'art de Dieu. »

« Vous avez bien raison, reprit le docteur, la nature est la source des vérités naturelles; mais où est, par exemple, la source des vérités historiques, si ce n'est dans les livres? Comment donc s'assurer aujourd'hui de la vérité d'un fait arrivé il y a deux mille ans? Ceux qui nous l'ont transmis étaient-ils sans préjugés, sans esprit de parti? avaient-ils un cœur simple? D'ailleurs, les livres mêmes qui nous le transmettent n'ont-ils pas besoin de copistes, d'imprimeurs, de commentateurs, de traducteurs; et tous ces gens-là n'altèrent-ils pas plus ou moins la vérité? Comme vous le dites fort bien, un livre n'est que l'art d'un homme. Il faut donc renoncer à toute vérité historique, puisqu'elle ne peut nous parvenir que par le moyen des hommes, sujets à l'erreur. — Qu'importe à notre bonheur, dit l'Indien, l'histoire des choses passées? L'histoire de ce qui est, est l'histoire de ce qui a été et de ce qui sera. »

« Fort bien, dit l'Anglais; mais vous conviendrez que les vérités morales sont nécessaires au bonheur du genre humain. Comment donc les trouver dans la nature?

Les animaux s'y font la guerre, s'entre-tuent et se dévorent; les éléments mêmes combattent contre les éléments : les hommes en agiront-ils de même entre eux? — Oh! non, répondit le bon paria; mais chaque homme trouvera la règle de sa conduite dans son propre cœur, si son cœur est simple. La nature y a mis cette loi : Ne faites pas aux autres ce que vous ne voudriez pas que les autres vous fissent. — Il est vrai, reprit le docteur, elle a réglé les intérêts du genre humain sur les nôtres; mais les vérités religieuses, comment les découvrira-t-on parmi tant de traditions et de cultes qui divisent les nations? — Dans la nature même, répondit le paria; si nous la considérons avec un cœur simple, nous y verrons Dieu dans sa puissance, son intelligence et sa bonté; et comme nous sommes faibles, ignorants et misérables, en voilà assez pour nous engager à l'adorer, à le prier, et à l'aimer toute notre vie sans disputer. »

« Admirablement! repartit l'Anglais. Mais maintenant, dites-moi, quand on a découvert une vérité, faut-il en faire part aux autres hommes? Si vous la publiez, vous serez persécuté par une infinité de gens qui vivent de l'erreur contraire, en assurant que cette erreur même est la vérité, et que tout ce qui tend à la détruire est l'erreur elle-même. — Il faut, répondit le paria, dire la vérité aux hommes qui ont le cœur simple, c'est-à-dire aux gens de bien qui la cherchent, et non aux méchants qui la repoussent. La vérité est une perle fine, et le méchant un crocodile qui ne peut la mettre à ses oreilles, parce qu'il n'en a pas. Si vous jetez une perle à un crocodile, au lieu de s'en parer, il voudra la dévorer; il se cassera les dents, et de fureur il se jettera sur vous. »

« Il ne me reste qu'une objection à vous faire, dit l'Anglais; c'est qu'il s'ensuit de ce que vous venez de dire, que les hommes sont condamnés à l'erreur, quoique la vérité leur soit nécessaire; car, puisqu'ils persécutent ceux qui la leur disent, quel est le docteur qui osera les instruire? — Celui, répondit le paria, qui persécute lui-même les hommes pour la leur apprendre; le malheur. — Oh! pour cette fois, homme de la nature, reprit l'Anglais, je crois que vous vous trompez. Le malheur jette les hommes dans la superstition; il abat le cœur et l'esprit. Plus les hommes sont misérables, plus ils sont vils, crédules et rampants. — C'est qu'ils ne sont pas assez malheureux, repartit le paria. Le malheur ressemble à la montagne Noire de Bember, aux extrémités du royaume brûlant de Lahor: tant que vous la montez, vous ne voyez devant vous que de stériles rochers; mais quand vous êtes au sommet, vous apercevez le ciel sur votre tête, et à vos pieds le royaume de Cachemire. »

« Charmante et juste comparaison! reprit le docteur; chacun, en effet, a dans la vie sa montagne à grimper. La vôtre, vertueux solitaire, a dû être bien rude, car vous êtes élevé par-dessus tous les hommes que je connais. Vous avez donc été bien malheureux! Mais, dites-moi d'abord, pourquoi votre caste est-elle si avilie dans l'Inde, et celle des brames si honorée? Je viens de chez le supérieur de la pagode de Jagrenat, qui ne pense pas plus que son idole, et qui se fait adorer comme un dieu. — C'est, répondit le paria, parce que les brames disent que dans l'origine ils sont sortis de la tête du dieu Brama, et que les parias sont descendus de ses pieds. Ils ajoutent de plus, qu'un jour Brama, en voyageant, demanda à manger à un paria, qui lui présenta de la chair humaine : depuis cette tradition, leur caste est honorée, et la nôtre est maudite dans toute l'Inde. Il ne nous est pas permis d'approcher des villes, et tout naïre ou reispoute peut nous tuer, si nous l'approchons seulement à la portée de notre haleine. — Par saint George, s'écria l'Anglais, voilà qui est bien fou et bien injuste! Comment les brames ont-ils pu persuader une pareille sottise aux Indiens? — En la leur apprenant dès l'enfance, dit le paria, et en la leur répétant sans cesse: les hommes s'instruisent comme les perroquets. — Infortuné! dit l'Anglais, comment avez-vous fait pour vous tirer de l'abîme de l'infamie où les brames vous avaient jeté en naissant? Je ne trouve rien de plus désespérant pour un homme, que de le rendre vil à ses propres yeux: c'est lui ôter la première des consolations; car la plus sûre de toutes est celle qu'on trouve à rentrer en soi-même.»

«Je me suis dit d'abord, reprit le paria: L'histoire du dieu Brama est-elle bien vraie? il n'y a que les brames, intéressés à se donner une origine céleste, qui la racontent. Ils ont sans doute imaginé qu'un paria avait voulu rendre Brama anthropophage, pour se venger des parias qui refusaient de croire ce qu'ils débitaient de leur sainteté. Après cela je me suis dit:

Supposons que ce fait soit vrai : Dieu est juste, il ne peut rendre toute une caste coupable du crime d'un de ses membres, lorsque la caste n'y a pas participé. Mais en supposant que toute la caste des parias ait pris part à ce crime, leurs descendants n'en ont pas été complices. Dieu ne punit pas plus dans les enfants les fautes de leurs aïeux qu'ils n'ont jamais vus, qu'il ne punirait dans les aïeux les fautes de leurs petits-enfants qui ne sont pas encore nés. Mais supposons encore que j'aie part aujourd'hui à la punition d'un paria, perfide envers son Dieu il y a des milliers d'années, sans avoir eu part à son crime ; est-ce que quelque chose pourrait subsister, haï de Dieu, sans être détruit aussitôt ? Si j'étais maudit de Dieu, rien de ce que je planterais ne réussirait. Enfin, je me dis : Je suppose que je sois haï de Dieu, qui me fait du bien ; je veux tâcher de me rendre agréable à lui, en faisant, à son exemple, du bien à ceux que je devrais haïr. »

« Mais, lui demanda l'Anglais, comment faisiez-vous pour vivre, étant repoussé de tout le monde? — D'abord, dit l'Indien, je me dis : Si tout le monde est ton ennemi, sois à toi-même ton ami. Ton malheur n'est pas au-dessus des forces d'un homme. Quelque grande que soit la pluie, un petit oiseau n'en reçoit qu'une goutte à la fois. J'allais dans les bois et le long des rivières chercher à manger; mais je n'y recueillais le plus souvent que quelque fruit sauvage, et j'avais à craindre les bêtes féroces ; ainsi je connus que la nature n'avait presque rien fait pour l'homme seul, et qu'elle avait attaché mon existence à cette même société qui me rejetait de son sein. Je fréquentai alors les champs abandonnés, qui sont en grand nombre dans l'Inde, et j'y rencontrais toujours quelque plante comestible qui avait survécu à la ruine de ses cultivateurs. Je voyageais ainsi de province en province, assuré de trouver partout ma subsistance dans les débris de l'agriculture. Quand je trouvais les semences de quelque végétal utile, je les ressemais, en disant : Si ce n'est pas pour moi, ce sera pour d'autres. Je me trouvais moins misérable, en voyant que je pouvais faire quelque bien. Il y avait une chose que je desirais passionnément ; c'était d'entrer dans quelques villes. J'admirais de loin leurs remparts et leurs tours, le concours prodigieux de barques sur leurs rivières, et de caravanes sur leurs chemins, chargées de marchandises qui y abordaient de tous les points de l'horizon; les troupes de gens de guerre, qui y venaient monter la garde du fond des provinces ; les marches des ambassadeurs avec leurs suites nombreuses, qui y arrivaient des royaumes étrangers pour y notifier des événements heureux, ou pour y faire des alliances. Je m'approchais le plus qu'il m'était permis de leurs avenues, contemplant avec étonnement les longues colonnes de poussière que tant de voyageurs y faisaient lever, et je tressaillais de desir à ce bruit confus qui sort des grandes villes, et qui dans les campagnes voisines ressemble au murmure des flots qui se brisent sur les rivages de la mer. Je me disais : Une congrégation d'hommes de tant d'états différents, qui mettent en commun leur industrie, leurs richesses et leur joie, doit faire d'une ville un séjour de délices. Mais s'il ne m'est pas permis d'en approcher pendant le jour, qui m'empêche d'y entrer pendant la nuit? Une faible souris, qui a tant d'ennemis, va et vient où elle veut à la faveur des ténèbres; elle passe de la cabane du pauvre dans le palais des rois. Pour jouir de la vie, il lui suffit de la lumière des étoiles: pourquoi me faut-il celle du soleil? C'était aux environs de Delhi que je faisais ces réflexions; elles m'enhardirent au point que j'entrai dans la ville avec la nuit : j'y pénétrai par la porte de Lahor. D'abord je parcourus une longue rue solitaire, formée, à droite et à gauche, de maisons bordées de terrasses, portées par des arcades, où sont les boutiques des marchands. De distance à autre je rencontrais de grands caravenscrails bien fermés, et de vastes bazars ou marchés, où régnait le plus grand silence. En approchant de l'intérieur de la ville, je traversai le superbe quartier des omrahs, rempli de palais et de jardins situés le long de la Gemna. Tout y retentissait du bruit des instruments et des chansons des bayadères, qui dansaient sur les bords du fleuve à la lueur des flambeaux. Je me présentai à la porte d'un jardin pour jouir d'un si doux spectacle; mais j'en fus repoussé par des esclaves, qui en chassaient les misérables à coups de bâton. En m'éloignant du quartier des grands, je passai près de plusieurs pagodes de ma religion, où un grand nombre d'infortunés, prosternés à terre, se livraient aux larmes. Je me hâtai de fuir à la vue de ces monuments de la superstition et de la terreur. Plus loin, les voix perçantes des mollahs, qui annonçaient du haut des airs les heures de la nuit, m'apprirent que j'étais au pied des minarets d'une mosquée. Près de là étaient les factoreries des Européens, avec leurs pavillons, et des gardiens qui criaient sans cesse *kuber-dar!* prenez garde à vous! Je côtoyai ensuite un grand bâtiment, que je reconnus pour une prison, au bruit des chaînes et aux gémissements qui en sortaient. J'entendis bientôt les cris de la douleur dans un vaste hôpital, d'où l'on sortait des chariots pleins de cadavres. Chemin faisant, je rencontrai des voleurs qui fuyaient le long des rues; des patrouilles de gardes qui couraient après eux; des groupes de mendiants qui, malgré les coups de rotin, sollicitaient aux portes des palais quelques débris de leurs festins, et partout des femmes qui se prostituaient publiquement pour avoir de quoi vivre. Enfin, après une longue marche dans la même rue, je parvins à une place immense, qui entoure la forteresse habitée par le grand Mogol. Elle était couverte de tentes des rajahs ou nababs de sa garde, et de leurs escadrons, distingués les uns des autres par des flambeaux, des étendards, et de longues cannes terminées par des queues de vaches du Thibet. Un large fossé plein d'eau, et hérissé d'artillerie, faisait, comme la place, le tour de la forteresse. Je considérais, à la clarté des feux de la garde, les tours du château qui s'élevaient jusqu'aux nues, et la longueur de ses remparts qui se perdaient dans l'horizon. J'aurais bien voulu y pénétrer; mais de grands korahs, ou fouets, suspendus à des poteaux, m'ôtèrent même le desir de mettre le pied dans la place. Je me tins donc à une de ses extrémités, auprès de quelques nègres esclaves, qui me permirent de me reposer auprès d'un feu autour duquel ils étaient assis. De là je considérai avec admiration le palais impérial, et je me dis: C'est donc ici que demeure le plus heureux des hommes! c'est pour son obéissance que tant de religions prêchent; pour sa gloire, que tant d'ambassadeurs arrivent; pour ses trésors, que tant de provinces s'épuisent; pour ses voluptés, que tant de caravanes voyagent; et pour sa sûreté, que tant d'hommes armés veillent en silence!

« Pendant que je faisais ces réflexions, de grands cris de joie se firent entendre dans toute la place, et je vis passer huit chameaux décorés de banderoles. J'appris qu'ils étaient chargés de têtes de rebelles, que les généraux du Mogol lui envoyaient de la province du Décan, où un de ses fils, qu'il en avait nommé gouverneur, lui faisait la guerre depuis trois ans. Un peu après, arriva, à bride abattue, un courrier monté sur un dromadaire; il venait annoncer la perte d'une ville frontière de l'Inde, par la trahison d'un de ses commandants qui l'avait livrée au roi de Perse. A peine ce courrier était passé, qu'un autre, envoyé par le gouverneur du Bengale, vint apporter la nouvelle que des Européens, auxquels l'empereur avait accordé, pour le bien du commerce, un comptoir à l'embouchure du Gange, y avaient bâti une forteresse, et s'y étaient emparés de la navigation du fleuve. Quelques moments après l'arrivée de ces deux courriers, on vit sortir du château un officier à la tête d'un détachement des gardes. Le Mogol lui avait ordonné d'aller dans le quartier des ômrahs, et d'en amener trois des principaux, chargés de chaînes, accusés d'être d'intelligence avec les ennemis de l'état. Il avait fait arrêter la veille un mollah, qui faisait dans ses sermons l'éloge du roi de Perse, et disait hautement que l'empereur des Indes était infidèle, parce que, contre la loi de Mahomet, il buvait du vin. Enfin, on assurait qu'il venait de faire étrangler et jeter dans la Gemna une de ses femmes, et deux capitaines de sa garde, convaincus d'avoir trempé dans la rébellion de son fils. Pendant que je réfléchissais sur ces tragiques événements, une longue colonne de feu s'éleva tout-à-coup des cuisines du sérail ; ses tourbillons de fumée se confondaient avec les nuages, et sa lueur rouge éclairait les tours de la forteresse, ses fossés, la place ; les minarets des mosquées, et s'étendait jusqu'à l'horizon. Aussitôt les grosses timbales de cuivre, et les karnas ou grands hautbois de la garde, sonnèrent l'alarme avec un bruit épouvantable : des escadrons de cavalerie se répandirent dans la ville, enfonçant les portes des maisons voisines du château, et forçant, à grands coups de korahs, leurs habitants d'accourir au feu. J'éprouvai aussi moi-même combien le voisinage des grands est dangereux aux petits. Les grands sont comme le feu, qui brûle même ceux qui lui jettent de l'encens, s'ils s'en approchent de trop près. Je voulus m'échapper; mais toutes les avenues de la place étaient fermées. Il m'eût été impossible d'en sortir, si, par la providence de

Dieu, le côté où je m'étais mis n'eût été celui du serail. Comme les eunuques en déménageaient les femmes sur des éléphants, ils facilitèrent mon évasion ; car si partout les gardes obligeaient, à coups de fouet, les hommes de venir au secours du château, les éléphants, à coups de trompe, les forçaient de s'en éloigner. Ainsi, tantôt poursuivi par les uns, tantôt repoussé par les autres, je sortis de cet affreux chaos ; et, à la clarté de l'incendie, je gagnai l'autre extrémité du faubourg, où, sous des huttes, loin des grands, le peupl[illegible]ait en paix de ses travaux. Ce fut là q[illegible]ommençai à respirer. Je me dis : J'ai d[illegible]u une ville ! j'ai vu la demeure des maîtres des nations ! Oh ! de combien de maîtres ne sont-ils pas eux-mêmes les esclaves ! Ils obéissent, jusque dans le temps du repos, aux voluptés, à l'ambition, à la superstition, à l'avarice : ils ont à craindre, même dans le sommeil, une foule d'êtres misérables et malfaisants dont ils sont entourés, des voleurs, des mendiants, des courtisanes, des incendiaires, et jusqu'à leurs soldats, leurs grands et leurs prêtres. Que doit-ce être d'une ville pendant le jour, si elle est ainsi troublée pendant la nuit? Les maux de l'homme croissent avec ses jouissances: combien l'empereur, qui les réunit toutes, n'est-il pas à plaindre! Il a à redouter les guerres civiles et étrangères, et les objets mêmes qui font sa consolation et sa défense, ses généraux, ses gardes, ses mollahs, ses femmes et ses enfants. Les fossés de sa forteresse ne sauraient arrêter les fantômes de la superstition; ni ses éléphants, si bien dressés, repousser loin de lui les noirs soucis. Pour moi, je ne crains rien de tout cela: aucun tyran n'a d'empire ni sur mon corps ni sur mon ame. Je peux servir Dieu suivant ma conscience, et je n'ai rien à redouter d'aucun homme, si je ne me tourmente moi-même: en vérité, un paria est moins malheureux qu'un empereur.

En disant ces mots, les larmes me vinrent aux yeux; et tombant à genoux, je remerciai le Ciel qui, pour m'apprendre à supporter mes maux, m'en avait montré de plus intolérables que les miens.

« Depuis ce temps, je n'ai fréquenté dans Delhi que les faubourgs. De là je voyais les étoiles éclairer les habitations des hommes et se confondre avec leurs feux, comme si le ciel et la ville n'eussent fait qu'un même domaine. Quand la lune venait éclairer ce paysage, j'y apercevais d'autres couleurs que celles du jour. J'admirais les tours, les maisons et les arbres, à-la-fois argentés et couverts de crêpes, qui se reflétaient au loin dans les eaux de la Gemna. Je parcourais en liberté de grands quartiers solitaires et silencieux, et il me semblait alors que toute la ville était à moi. Cependant l'humanité m'y aurait refusé une poignée de riz, tant la religion m'y avait rendu odieux! Ne pouvant donc trouver à vivre parmi les vivants, j'en cherchais parmi les morts; j'allais dans les cimetières manger sur les tombeaux les mets offerts par la piété des parents. C'était dans ces lieux que j'aimais à réfléchir. Je me disais: C'est ici la ville de la paix; ici ont disparu la puissance et l'orgueil; l'innocence et la vertu sont en sûreté : ici sont mortes toutes les craintes de la vie, même celle de mourir : c'est ici l'hôtellerie où pour toujours le charretier a dételé, et où le paria repose. Dans ces pensées, je trouvais la mort desirable, et je venais à mépriser la terre. Je considérais l'orient d'où sortait à chaque instant une multitude d'étoiles. Quoique leurs destins me fussent inconnus, je sentais qu'ils étaient liés avec ceux des hommes, et que la nature qui a fait ressortir à leurs besoins tant d'objets qu'ils ne voient pas, y avait au moins attaché ceux qu'elle offrait à leur vue. Mon ame s'élevait donc dans le firmament avec les astres; et lorsque l'aurore venait joindre à leurs douces et éternelles clartés ses teintes de rose, je me croyais aux portes du ciel. Mais dès que ses feux doraient les sommets des pagodes, je disparaissais comme une ombre; j'allais, loin des hommes, me reposer dans les champs au pied d'un arbre, où je m'endormais au chant des oiseaux. »

« Homme sensible et infortuné, dit l'Anglais, votre récit est bien touchant: croyez-moi, la plupart des villes ne méritent d'être vues que la nuit. Après tout, la nature a des beautés nocturnes qui ne sont pas les moins touchantes; un poëte fameux de mon pays n'en a pas célébré d'autres. Mais, dites-moi, comment enfin avez-vous fait pour vous rendre heureux à la lumière du jour? »

« C'était déja beaucoup d'être heureux la nuit, reprit l'Indien; la nature ressemble à une belle femme, qui, pendant le jour, ne montre au vulgaire que les beautés de son visage, et qui, pendant la nuit, en dévoile de secrètes à son amant. Mais si la solitude a ses jouissances, elle a ses privations; elle paraît à l'infortuné un port tranquille, d'où il voit s'écouler les passions des autres hommes sans en être ébranlé; mais, pendant qu'il se félicite de son immobilité, le temps l'entraîne lui-même. On ne jette point l'ancre dans le fleuve de la vie; il emporte également celui qui lutte contre son cours et celui qui s'y abandonne, le sage comme l'insensé; et tous deux arrivent à la fin de leurs jours, l'un après en avoir abusé, et l'autre sans en avoir joui. Je ne voulais pas être plus sage que la nature, ni trouver mon bonheur hors des lois qu'elle a prescrites à l'homme. Je desirais surtout un ami à qui je pusse communiquer mes plaisirs et mes peines. Je le cherchai long-temps parmi mes égaux; mais je n'y vis que des envieux. Cependant j'en trouvai un sensible, reconnaissant, fidèle, et inaccessible aux préjugés : à la vérité, ce n'était pas dans mon espèce, mais dans celle des animaux; c'était ce chien que vous voyez. On l'avait exposé, tout petit, au coin d'une rue, où il était près de mourir de faim. Il me toucha de compassion; je l'élevai : il s'attacha à moi, et je m'en fis un compagnon inséparable. Ce n'était pas assez : il me fallait un ami plus malheureux qu'un chien, qui connût tous les maux de la société humaine, et qui m'aidât à les supporter; qui ne desirât que les biens de la nature, et avec qui je pusse en jouir. Ce n'est qu'en s'entrelaçant que deux faibles arbrisseaux résistent à l'orage. La Providence combla mes desirs en me donnant une bonne femme. Ce fut à la source de mes malheurs que je trouvai celle de mon bonheur. Une nuit que j'étais au cimetière des brames, j'aperçus, au clair de la lune, une jeune bramine, à demi couverte de son voile jaune. A l'aspect d'une femme du sang de mes tyrans, je reculai d'horreur; mais je m'en rapprochai de compassion, en voyant le soin dont elle était occupée. Elle mettait à manger sur un tertre qui couvrait les cendres de sa mère, brûlée depuis peu, toute vive, avec le corps de son père, suivant l'usage de sa caste; et elle y brûlait de l'encens, pour appeler son ombre. Les larmes me vinrent aux yeux, en voyant une personne plus infortunée que moi. Je me dis : Hélas ! je suis lié des liens de l'infamie, mais tu l'es de ceux de la gloire. Au moins je vis tranquille au fond de mon précipice; et toi, toujours tremblante sur le bord du tien. Le même destin qui t'a enlevé ta mère, te menace aussi de t'enlever un jour. Tu n'as reçu qu'une vie, et tu dois mourir de deux morts : si ta propre mort ne te fait descendre au tombeau, celle de ton époux t'y entraînera toute vivante. Je pleurais, et elle pleurait : nos yeux, baignés de larmes, se rencontrèrent, et se parlèrent comme ceux des malheureux : elle détourna les siens, s'enveloppa de son voile, et se retira. La nuit suivante, je revins au même lieu. Cette fois elle avait mis une plus grande provision de vivres sur le tombeau de sa mère : elle avait jugé que j'en avais besoin ; et comme les brames empoisonnent souvent leurs mets funéraires, pour empêcher les parias de les manger ; pour me rassurer sur l'usage des siens, elle n'y avait apporté que des fruits. Je fus touché de cette marque d'humanité ; et pour lui témoigner le respect que je portais à son offrande filiale, au lieu de prendre ses fruits, j'y joignis des fleurs : c'étaient des pavots, qui exprimaient la part que je prenais à sa douleur. La nuit suivante, je vis avec joie qu'elle avait approuvé mon hommage ; les pavots étaient arrosés, et elle avait mis un nouveau panier de fruits à quelque distance du tombeau. La pitié et la reconnaissance m'enhardirent. N'osant lui parler comme paria, de peur de la compromettre, j'entrepris, comme homme, de lui exprimer toutes les affections qu'elle faisait naître dans mon ame : suivant l'usage des Indes, j'empruntai, pour me faire entendre, le langage des fleurs; j'ajoutai aux pavots des soucis. La nuit d'après, je retrouvai mes pavots et mes soucis baignés d'eau. La nuit suivante, je devins plus hardi; je joignis aux pavots et aux soucis une fleur de foulsapatte, qui sert aux cordonniers à teindre leurs cuirs en noir, comme l'expression d'un amour humble et malheureux. Le lendemain, dès l'aurore, je courus au tombeau; mais j'y vis la foulsapatte desséchée, parce qu'elle n'avait pas été arrosée. La nuit suivante, j'y mis, en tremblant, une tulipe dont les feuilles rouges et le cœur noir exprimaient les feux dont j'étais brûlé : le lendemain je retrouvai ma tulipe dans l'état de la foulsapatte. J'étais accablé de chagrin; cependant le surlendemain j'y apportai un bouton de rose avec ses épines, comme le symbole de mes espérances mêlées de beaucoup de craintes. Mais quel fut mon désespoir quand je vis, aux premiers rayons du jour, mon bouton de rose loin du tombeau ! Je crus que je perdrais la raison. Quoi qu'il pût m'en arriver, je résolus de lui parler. La nuit suivante, dès qu'elle parut, je me jetai à ses pieds ; mais j'y restai tout interdit en lui présentant ma rose. Elle prit la parole, et me dit : « Infortuné ! tu me parles d'amour, et bientôt je ne serai plus. Il faut, à l'exemple de ma mère, que j'accompagne au bûcher mon époux qui vient de mourir : il était vieux, je l'épousai enfant : adieu ; retire-toi, et oublie-moi ; dans trois jours, je ne serai qu'un peu de cendre. » En disant ces mots, elle soupira. Pour moi, pénétré de douleur, je lui dis : « Malheureuse bramine ! la nature a rompu les liens que la société vous avait donnés ; achevez de rompre ceux de la superstition : vous le pouvez, en me prenant pour votre époux. — Quoi ! reprit-elle en pleurant, j'échapperais à la mort pour vivre avec toi dans l'opprobre ! Ah ! si tu m'aimes, laisse-moi mourir. — A Dieu ne plaise, m'écriai-je, que je ne vous tire de vos maux que pour vous plonger dans les miens! Chère bramine, fuyons ensemble au fond des forêts; il vaut encore mieux se fier aux tigres qu'aux hommes. Mais le ciel, dans qui j'espère, ne nous abandonnera pas. Fuyons: l'amour, la nuit, ton malheur, ton innocence, tout nous favorise. Hâtons-nous, veuve infortunée! déja ton bûcher se prépare, et ton époux mort t'y appelle. Pauvre liane renversée, appuie-toi sur moi, je serai ton palmier. » Alors elle jeta, en gémissant, un regard sur le tombeau de sa mère, puis vers le ciel; et laissant tomber une de ses mains dans la mienne, de l'autre elle prit ma rose. Aussitôt je la saisis par le bras, et nous nous mîmes en route. Je jetai son voile dans le Gange, pour faire croire à ses parents qu'elle s'y était noyée. Nous marchâmes pendant plusieurs nuits le long du fleuve, nous cachant, le jour, dans des rizières. Enfin, nous arrivâmes dans cette contrée que la guerre autrefois a dépeuplée d'habitants. Je pénétrai au fond de ce bois, où j'ai bâti cette cabane, et planté un petit jardin : nous y vivons très-heureux. Je révère ma femme comme le soleil, et je l'aime comme la lune. Dans cette solitude, nous nous tenons lieu de tout : nous étions méprisés du monde; mais, comme nous nous estimons mutuellement, les louanges que je lui donne, ou celles que j'en reçois, nous paraissent plus douces que les applaudissements d'un peuple. » En disant ces mots, il regardait son enfant dans son berceau, et sa femme qui versait des larmes de joie.

Le docteur, en essuyant les siennes, dit à son hôte : « En vérité, ce qui est en honneur chez les hommes est souvent digne de leur mépris, et ce qui est méprisé d'eux mérite souvent d'en être honoré. Mais Dieu est juste; vous êtes mille fois plus heureux dans votre obscurité, que le chef des brames de Jagrenat dans toute sa gloire. Il est exposé, ainsi que sa caste, à toutes les révolutions de la fortune; c'est sur les bramcs que tombent la plupart des fléaux des guerres civiles et étrangères qui désolent votre beau pays depuis tant de siècles; c'est à eux qu'on s'adresse souvent pour avoir des contributions forcées, à cause de l'empire qu'ils exercent sur l'opinion des peuples. Mais, ce qu'il y a de plus cruel pour eux, ils sont les premières victimes de leur religion inhumaine. A force de prêcher l'erreur, ils s'en pénètrent eux-mêmes au point de perdre le sentiment de la vérité, de la justice, de l'humanité, de la piété; ils sont liés des chaînes de la superstition dont ils veulent captiver leurs compatriotes; ils sont forcés à chaque instant de se laver, de se purifier, et de s'abstenir d'une multitude de jouissances innocentes; enfin, ce qu'on ne peut dire sans horreur, par une suite de leurs dogmes barbares, ils voient brûler vives leurs parentes, leurs mères, leurs sœurs et leurs propres filles: ainsi les punit la nature, dont ils ont violé les lois. Pour vous, il vous est permis d'étre sincère, bon, juste, hospitalier, pieux; et vous échappez aux coups de la fortune et aux maux de l'opinion par votre humiliation même. »

Après cette conversation, le paria prit congé de son hôte pour le laisser reposer, et se retira, avec sa femme et le berceau de son enfant, dans une petite pièce voisine.

Le lendemain, au lever de l'aurore, le docteur fut réveillé par le chant des oiseaux nichés dans les branches du figuier d'Inde, et par les voix du paria et de sa femme, qui faisaient ensemble la prière du matin. Il se leva, et fut bien fâché lorsque, le paria et sa femme ouvrant leur porte pour lui souhaiter le bonjour, il vit qu'il n'y avait pas d'autre lit dans la cabane que le lit conjugal, et qu'ils avaient veillé toute la nuit pour le lui céder. Après qu'ils lui eurent fait le salam, ils se hâtèrent de lui préparer à déjeuner. Pendant ce temps-là, il fut faire un tour dans le jardin: il le trouva, ainsi que la cabane, entouré des arcades du figuier d'Inde, si entrelacées, qu'elles formaient une haie impénétrable même à la vue. Il apercevait seulement au-dessus de leur feuillage les flancs rouges du rocher qui flanquait le vallon tout autour de lui; il en sortait une petite source qui arrosait ce jardin planté sans ordre. On y voyait pêle-mêle des mangoustans, des orangers, des cocotiers, des litchis, des durions, des manguiers, des jacquiers, des bananiers, et d'autres végétaux tous chargés de fleurs et de fruits. Leurs troncs mêmes en étaient couverts; le bétel serpentait autour du palmier arec, et le poivrier le long de la canne à sucre. L'air était embaumé de leurs parfums. Quoique la plupart des arbres fussent encore dans l'ombre, les premiers rayons de l'aurore éclairaient déja leurs sommets; on y voyait voltiger des colibris étincelants comme des rubis et des topazes, tandis que des bengalis et des sensa-soulé, ou cinq cents voix, cachés sous l'humide feuillée, faisaient entendre sur leurs nids leurs doux concerts. Le docteur se promenait sous ces charmants ombrages, loin des pensées savantes et ambitieuses, lorsque le paria vint l'inviter à déjeuner. « Votre jardin est délicieux, dit l'Anglais; je ne lui trouve d'autre défaut que d'être trop petit; à votre place, j'y ajouterais un boulingrin, et je l'étendrais dans la forêt. — Seigneur, lui répondit le paria, moins on tient de place, plus on est à couvert: une feuille suffit au nid de l'oiseau-mouche. » En disant ces mots, ils entrèrent dans la cabane, où ils trouvèrent dans un coin la femme du paria qui allaitait son enfant: elle avait servi le déjeuner. Après un repas silencieux, le docteur se préparant à partir, l'Indien lui dit: « Mon hôte, les campagnes sont encore inondées des pluies de la nuit, les chemins sont impraticables; passez ce jour avec nous. — Je ne le peux, dit le docteur, j'ai trop de monde avec moi. — Je le vois, reprit le paria, vous avez hâte de quitter le pays des brames pour retourner dans celui des chrétiens, dont la religion fait vivre tous les hommes en frères. » Le docteur se leva en soupirant. Alors le paria fit un signe à sa femme, qui, les yeux baissés et sans parler, présenta au docteur une corbeille de fleurs et de fruits. Le paria, prenant la parole pour elle, dit à l'Anglais : « Seigneur, excusez notre pauvreté; nous n'avons, pour parfumer nos hôtes suivant l'usage de l'Inde, ni ambre gris, ni bois d'aloès; nous n'avons que des fleurs et des fruits; mais j'espère que vous ne mépriserez pas cette petite corbeille remplie par les mains de ma femme : il n'y a ni pavots, ni soucis, mais des jasmins, du mougris et des bergamottes, symboles, par la durée de leurs parfums, de notre affection, dont le souvenir nous restera lors même que nous ne vous verrons plus. » Le docteur prit la corbeille, et dit au paria : « Je ne saurais trop reconnaître votre hospitalité, et vous témoigner toute l'estime que je vous porte : acceptez cette montre d'or ; elle est de Graham, le plus fameux horloger de Londres ; on ne la remonte qu'une fois par an. » Le paria lui répondit : « Seigneur, nous n'avons pas besoin de montre ; nous en avons une qui va toujours, et qui ne se dérange jamais ; c'est le soleil. — Ma montre sonne les heures, ajouta le docteur. — Nos oiseaux les chantent, repartit le paria. — Au moins, dit le docteur, recevez ces cordons de corail pour faire des colliers rouges à votre femme et à votre enfant. — Ma femme et mon enfant, répondit l'Indien, ne manqueront jamais de colliers rouges, tant que notre jardin produira des pois d'angole. — Acceptez donc, dit le docteur, ces pistolets pour vous défendre des voleurs dans votre solitude. — La pauvreté, dit le paria, est un rempart qui éloigne de nous les voleurs ; l'argent dont vos armes sont garnies suffirait pour les attirer. Au nom de Dieu qui nous protége, et de qui nous attendons notre récompense, ne nous enlevez pas le prix de notre hospitalité! — Cependant, reprit l'Anglais, je desirerais que vous conservassiez quelque chose de moi. — Eh bien, mon hôte, répondit le paria, puisque vous le voulez, j'oserai vous proposer un échange: donnez-moi votre pipe, et recevez la mienne : lorsque je fumerai dans la vôtre, je me rappellerai qu'un pandect européen n'a pas dédaigné d'accepter l'hospitalité chez un pauvre paria.» Aussitôt le docteur lui présenta sa pipe de cuir d'Angleterre, dont l'embouchure était d'ambre jaune, et reçut en retour celle du paria, dont le tuyau était de bambou, et le fourneau de terre cuite.

Ensuite il appela ses gens, qui étaient tous morfondus de leur mauvaise nuit passée; et après avoir embrassé le paria, il monta dans son palanquin. La femme du paria, qui pleurait, resta sur la porte de la cabane, tenant son enfant dans ses bras;

mais son mari accompagna le docteur jusqu'à la sortie du bois, en le comblant de bénédictions. « Que Dieu soit votre récompense, lui disait-il, pour votre bonté envers les malheureux ! que je lui sois en sacrifice pour vous ! qu'il vous ramène heureusement en Angleterre, ce pays de savants et d'amis, qui cherchent la vérité par tout le monde pour le bonheur des hommes ! » Le docteur lui répondit : « J'ai parcouru la moitié du globe, et je n'ai vu partout que l'erreur et la discorde : je n'ai trouvé la vérité et le bonheur que dans votre cabane. » En disant ces mots, ils se séparèrent l'un de l'autre en versant des larmes. Le docteur était déja bien loin dans la campagne, qu'il voyait encore le bon paria au pied d'un arbre, qui lui faisait signe des mains pour lui dire adieu.

Le docteur, de retour à Calcutta, s'embarqua pour Chandernagor, d'où il fit voile pour l'Angleterre. Arrivé à Londres, il remit les quatre-vingt-dix ballots de ses manuscrits au président de la société royale, qui les déposa au muséum britannique, où les savants et les journalistes s'occupent encore aujourd'hui à en faire des traductions, des éloges, des diatribes, des critiques et des pamphlets. Quant au docteur, il garda pour lui les trois réponses du paria sur la vérité. Il fumait souvent dans sa pipe; et quand on le questionnait sur ce qu'il avait appris de plus utile dans ses voyages, il répondait : « Il faut chercher la vérité avec un cœur simple; on ne la trouve que dans la nature; on ne doit la dire qu'aux gens de bien. » A quoi il ajoutait : On n'est heureux qu'avec une bonne femme. »

LE CAFÉ
DE SURATE.

13

AVIS DE L'ÉDITEUR.

Trois des opuscules suivants, l'Éloge philosophique de mon Ami, le vieux Paysan polonais et les Voyages de Codrus, peuvent être regardés comme les premiers essais de l'auteur des Études. L'Éloge philosophique de mon Ami est une satire ingénieuse des discours académiques : Bernardin de Saint-Pierre le composa pendant son séjour à l'Ile-de-France. Les lecteurs attentifs reconnaîtront sans doute, dans les Voyages allégoriques de Codrus, l'histoire des premiers voyages de l'auteur. S'il fait descendre son héros de Codrus, qui se sacrifia pour sa patrie, c'est que lui-même se croyait issu d'Eustache de Saint-Pierre, qui se dévoua pour la sienne, et dont Froissard nous a conservé la touchante histoire.

Quant au vieux Paysan polonais, nous devons ce manuscrit à madame Dupont de Nemours, qui le tenait de l'auteur lui-même. Toujours occupé de l'étude de la nature et des moyens de rappeler les hommes à l'observation de ses lois, Bernardin de Saint-Pierre n'avait pu parcourir les campagnes de la Pologne sans éprouver le besoin de dévoiler aux souverains la situation déplorable d'un peuple entier d'opprimés. A son arrivée en Russie, où il servait comme ingénieur, il osa présenter à l'impératrice Catherine plusieurs mémoires pleins de vérités trop hardies pour être utiles. Parmi ces mémoires, cependant, le maréchal de Munich, qui aimait la vérité, mais qui connaissait la cour, ne voulut jamais permettre à l'auteur de placer les réclamations du vieux Paysan polonais. Il est sans doute inutile de remarquer que cet opuscule est une imitation du Paysan du Danube : il semble même que Bernardin de Saint-Pierre n'ait voulu que développer ces deux vers de la même fable:

La terre et le travail de l'homme
Font pour les assouvir des efforts superflus.

On sera peut-être surpris de ne trouver, dans ce morceau si énergique, aucune de ces idées tendres et consolantes qui semblent s'échapper de l'ame de l'auteur, et qui sont le caractère particulier de ses autres ouvrages. Mais il faut se souvenir que ces plaintes éloquentes furent écrites dans un premier mouvement d'indignation, et en présence même du peuple qui frémissait de son avilissement. Bernardin de Saint-Pierre était jeune alors : habitué à souffrir, il fut encore plus révolté de la barbarie des maîtres, que frappé de la misère des esclaves ; en un mot, la pitié qu'il ressentit pour les victimes ne s'exprima que par la haine qu'il voua à leurs tyrans. Tel est le sentiment qui domine dans cette pièce, composée il y a près de cinquante ans, et que l'auteur n'a jamais revue.

Sans doute on ne peut qu'admirer l'élan généreux qui inspira cette noble défense des droits de la justice et de l'humanité ; il était honorable de parler ce langage à une époque qui semble séparée de nous par tant de siècles, et qui ne l'est que par les événements les plus désastreux,

Mais aujourd'hui qu'on abuse de toutes ces idées, devenues des idées libérales, et qui étaient alors des idées courageuses; aujourd'hui que ces mêmes principes sont invoqués pour émouvoir, pour soulever les nations, et non pour les éclairer et les protéger, tout nous porte à croire que Bernardin de Saint-Pierre aurait sacrifié, peut-être même condamné ce morceau, qu'il destinait à adoucir le sort d'un peuple, et non à exciter les passions d'un parti.

LE CAFÉ DE SURATE.

Il y avait à Surate un café où beaucoup d'étrangers s'assemblaient l'après-midi. Un jour, il y vint un seidre persan, ou docteur de la loi, qui avait écrit toute sa vie sur la théologie, et qui ne croyait plus en Dieu. Qu'est-ce que Dieu? disait-il; d'où vient-il? qu'est-ce qui l'a créé? où est-il? Si c'était un corps, on le verrait : si c'était un esprit, il serait intelligent et juste; il ne permettrait pas qu'il y eût des malheureux sur la terre. Moi-même, après avoir tant travaillé pour son service, je serais pontife à Ispahan, et je n'aurais pas été forcé de m'enfuir de la Perse après avoir cherché à éclairer les hommes. Il n'y a donc point de Dieu. Ainsi, le docteur, égaré par son ambition, à force de raisonner sur la première raison de toutes choses, était venu à perdre la sienne, et à croire que c'était, non sa propre intelligence qui n'existait plus, mais celle qui gouverne l'univers. Il avait pour esclave un Cafre presque nu, qu'il laissa à la porte du café. Pour lui, il fut se coucher sur un sopha, et il prit une tasse de coquenar ou d'opium. Lorsque cette boisson commença à échauffer son cerveau, il adressa la parole à son esclave, qui était assis sur une pierre au soleil, occupé à chasser les mouches qui le dévoraient, et lui dit : Misérable noir! crois-tu qu'il y ait un Dieu? Qui peut en douter? lui répondit le Cafre. En disant ces mots, le Cafre tira d'un lambeau de pagne qui lui ceignait les reins, un petit marmouset de bois, et dit : Voilà le dieu qui m'a protégé depuis que je suis au monde; il est fait d'une branche de l'arbre fétiche de mon pays. Tous les gens du café ne furent pas moins surpris de la réponse de l'esclave que de la question de son maître.

Alors un brame, haussant les épaules, dit au nègre : Pauvre imbécile! comment, tu portes ton dieu dans ta ceinture! Apprends qu'il n'y a point d'autre dieu que Brama, qui a créé le monde, et dont les temples sont sur les bords du Gange. Les brames sont ses seuls prêtres, et c'est par sa protection particulière qu'ils subsistent depuis cent vingt mille ans, malgré toutes les révolutions de l'Inde. Aussitôt un courtier juif prit la parole, et dit : Comment les brames peuvent-ils croire que Dieu n'a de temples que dans l'Inde, et qu'il n'existe que pour leur caste? Il n'y a d'autre Dieu que celui d'Abraham, qui n'a d'autre peuple que celui d'Israël. Il le conserve, quoique dispersé par toute la terre, jusqu'à ce qu'il l'ait rassemblé à Jérusalem pour lui donner l'empire des nations, lorsqu'il y aura relevé son temple, jadis la merveille de l'univers. En disant ces mots, l'Israélite versa quelques larmes. Il allait parler encore, lorsqu'un Italien en robe bleue lui dit en colère : Vous faites Dieu injuste, en disant qu'il n'aime que le peuple d'Israël. Il l'a rejeté depuis plus de dix-sept cents ans, comme vous en pouvez juger par sa dispersion même. Il appelle aujourd'hui tous les hommes dans l'église romaine, hors laquelle il n'y a point de salut. Un ministre protestant, de la mission danoise de Tranquebar, répondit en pâlissant au missionnaire catholique : Comment pouvez-vous restreindre le salut des hommes à votre communion idolâtre? Apprenez qu'il n'y aura de sauvés que ceux qui, suivant l'Évangile, adorent Dieu en esprit et en vérité, sous la loi de Jésus. Alors un Turc, officier de la douane de Surate, qui fumait sa pipe, dit aux deux chrétiens d'un air grave : Padres, comment pouvez-vous borner la connaissance de Dieu à vos églises! La loi de Jésus a été abolie depuis l'arrivée de Mahomet, le paraclet prédit par Jésus lui-même le verbe de Dieu. Votre religion ne subsiste plus que dans quelques royaumes, et c'est sur ses ruines que la nôtre s'est élevée dans la plus belle portion de l'Europe, de l'Afrique, de l'Asie, et de ses îles. Elle est aujourd'hui assise sur le trône du Mogol, et se répand jusque dans la Chine, ce pays de lumières. Vous reconnaissez vous-mêmes la réprobation des Juifs à leur humiliation; reconnaissez donc la mission du prophète à ses victoires. Il n'y aura de sauvés que les amis de Mahomet et d'Omar; car, pour ceux qui suivent Ali, ce sont des infidèles. A ces mots, le scidre qui était de Perse, où le peuple suit la secte d'Ali, se mit à sourire; mais il s'éleva une grande querelle dans le café, à cause de tous les étrangers qui étaient de diverses religions, et parmi lesquels il y avait encore des chrétiens abyssins, des Cophtes, des Tartares lamas, des Arabes ismaélites, et des Guèbres ou adorateurs du feu. Tous disputaient sur la nature de Dieu et sur son culte, chacun soutenant que la véritable religion n'était que dans son pays.

Il y avait là un lettré de la Chine, disciple de Confucius, qui voyageait pour son instruction. Il était dans un coin du café, prenant du thé, écoutant tout et ne disant mot. Le douanier turc, s'adressant à lui, lui cria d'une voix forte : Bon Chinois, qui gardez le silence, vous savez que beaucoup de religions ont pénétré à la Chine. Des marchands de votre pays, qui avaient besoin ici de mes services, me l'ont dit, en m'assurant que celle de Mahomet était la meilleure. Rendez comme eux justice à la vérité : que pensez-vous de Dieu et de la religion de son prophète ? Il se fit alors un grand silence dans le café. Le disciple de Confucius, ayant retiré ses mains dans les larges manches de sa robe, et les ayant croisées sur sa poitrine, se recueillit en lui-même, et dit d'une voix douce et posée : Messieurs, si vous me permettez de vous le dire, c'est l'ambition qui empêche, en toutes choses, les hommes d'être d'accord; si vous avez la patience de m'entendre, je vais vous en citer un exemple qui est encore tout frais à ma mémoire. Lorsque je partis de la Chine pour venir à Surate, je m'embarquai sur un vaisseau anglais qui avait fait le tour du monde. En chemin faisant, nous jetâmes l'ancre sur la côte orientale de Sumatra. Sur le midi, étant descendus à terre avec plusieurs gens de l'équipage, nous fûmes nous asseoir sur le bord de la mer, près d'un petit village, sous des cocotiers, à l'ombre desquels se reposaient plusieurs hommes de divers pays. Il y vint un aveugle qui avait perdu la vue à force de contempler le soleil. Il avait eu l'ambitieuse folie d'en comprendre la nature, afin de s'en approprier la lumière. Il avait tenté tous les moyens de l'optique, de la chimie, et même de la nécromancie, pour renfermer un de ses rayons dans une bouteille; n'ayant pu en venir à bout, il disait: La lumière du soleil n'est point un fluide, car elle ne peut être agitée par le vent; ce n'est point un solide, car on ne peut en détacher des morceaux; ce n'est point un feu, car elle ne s'éteint point dans l'eau; ce n'est point un esprit, puisqu'elle est visible; ce n'est point un corps, puisqu'on ne peut la manier; ce n'est pas même un mouvement, puisqu'elle n'agite pas les corps les plus légers: ce n'est donc rien du tout. Enfin, à force de contempler le soleil et de raisonner sur sa lumière, il en avait perdu les yeux, et, qui pis est, la raison. Il croyait que c'était, non pas sa vue, mais le soleil qui n'existait plus dans l'univers. Il avait pour conducteur un nègre qui, ayant fait asseoir son maître à l'ombre d'un cocotier, ramassa par terre un de ses cocos, et se mit à faire un lampion avec sa coque, une mèche avec son caire, et à exprimer de sa noix un peu d'huile pour mettre dans son lampion. Pendant que le nègre s'occupait ainsi, l'aveugle lui dit en soupirant : Il n'y a donc plus de lumière au monde? Il y a celle du soleil, répondit le nègre. Qu'est-ce que le soleil? reprit l'aveugle. Je n'en sais rien, répondit l'Africain, si ce n'est que son lever est le commencement de mes travaux, et son coucher en est la fin. Sa lumière m'intéresse moins que celle de mon lampion, qui m'éclaire dans ma case : sans elle, je ne pourrais vous servir pendant la nuit. Alors, montrant son petit coco, il dit : Voilà mon soleil. A ce propos, un homme du village, qui marchait avec des béquilles, se mit à rire; et croyant que l'aveugle était un aveugle-né, il lui dit : Apprenez que le soleil est un globe de feu qui se lève tous les jours dans la mer, et qui se couche tous les soirs à l'occident dans les montagnes de Sumatra. C'est ce que vous verriez vous-même, ainsi que nous tous, si vous jouissiez de la vue. Un pêcheur prit alors la parole, et dit au boiteux : On voit bien que vous n'êtes jamais sorti de votre village. Si vous aviez des jambes, et que vous eussiez fait le tour de l'île de Sumatra, vous sauriez que le soleil ne se couche point dans ses montagnes ; mais il sort tous les matins de la mer, et il y rentre tous les soirs pour se rafraîchir ; c'est ce que je vois tous les jours le long des côtes. Un habitant de la presqu'île de l'Inde dit alors au pêcheur : Comment un homme qui a le sens commun peut-il croire que le soleil est un globe de feu, et que chaque jour il sort de la mer, et qu'il y rentre sans s'éteindre ? Apprenez donc que le soleil est une deuta ou divinité de mon pays, qu'il parcourt tous les jours le ciel sur un char, tournant autour de la montagne d'Or de Merouwa ; que lorsqu'il s'éclipse, c'est qu'il est englouti par les serpents ragou et kétou, dont il n'est délivré que par les prières des Indiens sur les bords du Gange. C'est une ambition bien folle à un habitant de Sumatra, de croire qu'il ne luit que sur l'horizon de son île; elle ne peut entrer que dans la tête d'un homme qui n'a navigué que dans une pirogue. Un Lascar, patron d'une barque de commerce qui était à l'ancre, prit alors la parole, et dit : C'est une ambition encore plus folle de croire que le soleil préfère l'Inde à tous les pays du monde. J'ai voyagé dans la mer Rouge, sur les côtes de l'Arabie, à Madagascar, aux îles Moluques et aux Philippines; le soleil éclaire tous ces pays, ainsi que l'Inde. Il ne tourne point autour d'une montagne; mais il se lève dans les îles du Japon, qu'on appelle pour cette raison Jepon ou Gé-puen, naissance du soleil, et il se couche bien loin à l'occident, derrière les îles d'Angleterre. J'en suis bien sûr, car je l'ai ouï dire dans mon enfance à mon grand-père, qui avait voyagé jusqu'aux extrémités de la mer. Il allait en dire davantage, lorsqu'un matelot anglais de notre équipage l'interrompit, en disant : Il n'y a point de pays où l'on connaisse mieux le cours du soleil qu'en Angleterre : apprenez donc qu'il ne se lève et ne se couche nulle part. Il fait sans cesse le tour du monde; et j'en suis bien certain, car nous venons de le faire aussi, et nous l'avons rencontré partout. Alors, prenant un rotin des mains d'un des auditeurs, il traça un cercle sur le sable, tâchant de leur expliquer le cours du soleil d'un tropique à l'autre; mais, n'en pouvant venir à bout, il prit à témoin de tout ce qu'il voulait dire le pilote de son vaisseau. Ce pilote était un homme sage qui avait entendu toute la dispute sans rien dire; mais quand il vit que tous les auditeurs gardaient le silence pour l'écouter, il prit alors la parole, et leur dit : « Chacun de vous trompe les autres, et en est « trompé. Le soleil ne tourne point autour « de la terre, mais c'est la terre qui tourne « autour de lui, lui présentant tour à « tour, en vingt-quatre heures, les îles du « Japon, les Philippines, les Moluques, « Sumatra, l'Afrique, l'Europe, l'Angle-

« terre, et bien d'autres pays. Le soleil ne « luit point seulement pour une montagne, « une île, un horizon, une mer, ni même « pour la terre; mais il est au centre de « l'univers, d'où il éclaire avec elle cinq au- « tres planètes qui tournent aussi autour « de lui, et dont quelques-unes sont bien « plus grosses que la terre, et bien plus « éloignées qu'elle du soleil. Tel est entre « autres Saturne, de trente mille lieues « de diamètre, et qui en est à deux cent « quatre-vingt-cinq millions de lieues de « distance. Je ne parle pas des lunes qui « renvoient aux planètes éloignées du so- « leil sa lumière, et qui sont en bon nom- « bre. Chacun de vous aurait une idée de « ces vérités, s'il jetait seulement, la nuit, « les yeux au ciel, et s'il n'avait pas l'am- « bition de croire que le soleil ne luit que « pour son pays. » Ainsi parla, au grand étonnement de ses auditeurs, le pilote qui avait fait le tour du monde et observé les cieux.

Il en est de même, ajouta le disciple de Confucius, de Dieu comme du soleil. Chaque homme croit l'avoir à lui seul, dans sa chapelle, ou au moins dans son pays. Chaque peuple croit renfermer dans ses temples celui que l'univers visible ne renferme pas. Cependant est-il un temple comparable à celui que Dieu lui-même a élevé pour rassembler tous les hommes dans la même communion? Tous les temples du monde ne sont faits qu'à l'imitation de celui de la nature. On trouve, dans la plupart, des lavoirs ou bénitiers, des colonnes, des voûtes, des lampes, des statues, des inscriptions, des livres de la loi, des sacrifices, des autels et des prêtres. Mais dans quel temple y a-t-il un bénitier aussi vaste que la mer, qui n'est point renfermée dans une coquille? d'aussi belles colonnes que les arbres des forêts, ou ceux des vergers chargés de fruits? une voûte aussi élevée que le ciel, et une lampe aussi éclatante que le soleil? Où verra-t-on des statues aussi intéressantes que tant d'êtres sensibles qui s'aiment, qui s'entr'aident et qui parlent ? des inscriptions aussi intelligibles et plus religieuses que les bienfaits mêmes de la nature ? un livre de la loi aussi universel que l'amour de Dieu fondé sur notre reconnaissance, et que l'amour de nos semblables sur nos propres intérêts ? des sacrifices plus touchants que ceux de nos louanges pour celui qui nous a tout donné, et de nos passions pour ceux avec lesquels nous devons tout partager ? enfin un autel aussi saint que le cœur de l'homme de bien, dont Dieu même est le pontife ? Ainsi, plus l'homme étendra loin la puissance de Dieu, plus il approchera de sa connaissance ; et plus il aura d'indulgence pour les hommes, plus il imitera sa bonté. Que celui donc qui jouit de la lumière de Dieu répandue dans tout l'univers, ne méprise pas le superstitieux qui n'en aperçoit qu'un petit rayon dans son idole, ni même l'athée qui en est tout-à-fait privé, de peur qu'en punition de son orgueil, il ne lui arrive comme à ce philosophe qui, voulant s'approprier la lumière du soleil, devint aveugle, et se vit réduit, pour se conduire, à se servir du lampion d'un nègre.

Ainsi parla le disciple de Confucius; et tous les gens du café qui disputaient sur l'excellence de leurs religions gardèrent un profond silence.

VOYAGE
EN SILÉSIE.

15

VOYAGE

EN SILÉSIE.

Lorsque je revenais de Russie en France, je me trouvai avec un bon nombre de voyageurs de différentes nations, sur le chariot de poste qui mène de Riga à Breslau. Nous étions rangés deux à deux, assis sur des bancs de bois, nos malles sous nos pieds, le ciel sur nos têtes, voyageant jour et nuit, exposés à toutes les injures de l'air, et ne trouvant dans les auberges de la route que du pain noir, de l'eau-de-vie de grain, et du café. Telle est la manière de voyager en Russie, en Prusse, en Pologne, et dans la plupart des pays du Nord. Après avoir traversé, tantôt de grandes forêts de sapins et de bouleaux, tantôt des campagnes sablonneuses, nous entrâmes dans des montagnes couvertes de hêtres et de chênes, qui séparent la Pologne de la Silésie.

Quoique mes compagnons de voyage sussent le français, langue aujourd'hui universelle en Europe, ils parlaient fort peu. Un matin, au lever de l'aurore, nous nous trouvâmes sur une colline auprès d'un château situé dans une position charmante. Plusieurs ruisseaux circulaient à travers ses longues avenues de tilleuls, et formaient, au bas, des îles plantées de vergers au milieu des prairies. Au loin, autant que la vue pouvait s'étendre, nous apercevions les riches campagnes de la Silésie, couvertes de moissons, de villages, et de maisons de plaisance arrosées par l'Oder, qui les traversait comme un ruban d'argent et d'azur. « O la belle vue! s'écria un peintre italien qui allait à Dresde; il me semble voir le Milanais. » Un astronome de l'académie de Berlin se mit à dire : « Voilà de grandes plaines, on pourrait y tracer une longue base, et par ces clochers avoir une belle suite de triangles. » Un baron autrichien, souriant dédaigneusement, répondit au géomètre : « Sachez que cette terre est des plus nobles d'Allemagne; tous ces clochers que vous voyez là-bas en dépendent. — Cela étant, repartit un marchand suisse, les habitants y sont donc serfs. Par ma foi, c'est un pauvre pays. » Un officier hussard prussien, qui fumait sa pipe, la retira gravement de sa bouche, et se mit à dire d'un ton ferme : Personne ici ne relève que du roi de Prusse. Il a délivré les Silésiens du joug de l'Autriche et de ses nobles. Je me souviens qu'il nous a fait camper ici il y a quatre ans. O les belles campagnes pour donner une bataille! j'établirais mes magasins dans le château, et mon artillerie sur ses terrasses. Je borderais la rivière avec mon infanterie, je mettrais ma cavalerie sur les ailes; et avec trente mille hommes j'attendrais ici toutes les forces de l'Empire. Vive Frédéric! » A peine s'était-il remis à fumer, qu'un officier russe prit la parole. « Je ne voudrais pas, dit-il, vivre dans un pays comme la Silésie, ouvert à toutes les armées. Nos Cosaques l'ont ravagée dans la dernière guerre; et sans nos troupes réglées qui les continrent, ils n'y auraient pas laissé une chaumière debout. C'est encore pis à présent. Les paysans peuvent y plaider contre leurs seigneurs. Les bourgeois y ont même de plus grands priviléges dans leurs municipalités. J'aime mieux les environs de Moscou. » Un jeune étudiant de Leipsick répondit aux deux officiers : « Messieurs, comment pouvez-vous parler de guerre dans des lieux si charmants? Permettez-moi de vous apprendre que le nom même de Silésie vient de *Campi Elysii*, Champs Élysiens. Il vaut mieux s'écrier avec Virgile :

. . . . Lycori,
. . . . Hic ipso tecum consumerer ævo.

ô Lycoris! c'est ici, qu'avec toi, je voudrais être dissous par le temps. » A ces mots prononcés avec chaleur, une aimable marchande de modes de Paris, que l'ennui du voyage avait endormie, se réveilla, et, à la vue de ce beau paysage, s'écria à son tour: « O le délicieux pays! il n'y manque que des Français. Qu'avez-vous à soupirer? dit-elle à un jeune rabbin qui était à ses côtés. — Voyez, dit le docteur juif, cette montagne là-bas avec sa pointe; elle ressemble au mont Sinaï. » Tout le monde se mit à rire. Mais un vieux ministre luthérien d'Erfurt, en Saxe, fronça le sourcil, et dit en colère : « La Silésie est une terre maudite, puisque la vérité en est bannie. Elle est sous le joug du papisme. Vous verrez, à l'entrée de Breslau, le palais des anciens ducs de Silésie, qui sert aujourd'hui de collége aux jésuites, quoique chassés de toute l'Europe. » Un gros marchand hollandais, pourvoyeur de l'armée prussienne dans la dernière guerre, lui repartit : « Comment pouvez-vous appeler maudite une terre couverte de tant de biens? Le roi de Prusse a fort bien fait de conquérir la Silésie; c'est le plus beau fleuron de sa couronne. J'y aimerais mieux un arpent de jardin qu'un mille carré dans la Marche sablonneuse de Brandebourg. » Nous arrivâmes, ainsi disputant, à Breslau, où nous mîmes pied à terre dans une fort belle auberge. En attendant le dîner, on parla du maître du château. Le ministre saxon assura que c'était un scélérat, qui commandait l'artillerie prussienne au siége de Dresde; qu'il avait écrasé avec des bombes empoisonnées cette malheureuse ville, dont la moitié des maisons était encore abattue, et qu'il n'avait acquis sa terre que par des contributions levées en Saxe. « Vous vous trompez, répondit le baron; il ne l'a eue que par son mariage avec une comtesse autrichienne, qui s'est mésalliée en l'épousant. Sa femme est aujourd'hui bien à plaindre. Aucun de ses enfants ne pourra entrer dans les chapitres nobles de l'Allemagne, car leur père n'est qu'un officier de fortune. — Ce que vous dites là, reprit le hussard prussien, lui fait honneur, et il en serait comblé aujourd'hui en Prusse, s'il ne l'avait perdu en sortant, à la paix, du service du roi. C'est un officier qui ne peut plus se montrer. » L'hôte, qui faisait mettre le couvert, dit : « Messieurs, on voit bien que vous ne connaissez pas le seigneur dont vous parlez ; c'est un homme aimé et considéré de tout le monde : il n'y a pas un mendiant dans ses domaines. Quoique catholique, il secourt les pauvres passants, de quelque pays et religion qu'ils soient. S'ils sont Saxons, il les loge et les nourrit pendant trois jours, en compensation du mal qu'il a été obligé de leur faire pendant la guerre. Il est adoré de sa femme et de ses enfants. — Apprenez, répondit à l'hôte le ministre luthérien, qu'il n'y a ni charité ni vertu dans sa communion. Tout son fait est pure hypocrisie, comme les vertus des païens et des papistes. »

Nous avions parmi nous plusieurs catholiques qui allaient élever une terrible dispute, lorsque l'hôte s'étant mis à la principale place de la table, suivant l'usage de l'Allemagne, fit servir le dîner. Alors on garda un profond silence, et chacun se mit à boire et à manger en voyageur. On fit fort bonne chère. On servit au dessert des pêches, des raisins et des melons. L'hôte dit alors à sa femme d'apporter, en attendant le café, quelques bouteilles de vin de Champagne, dont il voulait régaler la compagnie en l'honneur, dit-il, du seigneur du château, auquel il avait des obligations particulières. Les bouteilles étant arrivées, il les posa auprès de la dame française, en la priant d'en faire les honneurs. La joie parut alors sur tous les visages, et la conversation se ranima. Ma compatriote présenta à l'hôte le premier verre de son vin, en lui disant qu'on était aussi bien traité chez lui que dans les meilleures auberges de Paris, et qu'elle n'avait point connu de Français qui le surpassât en galanterie. L'officier russe convint qu'il y avait plus de fruits à Breslau qu'à Moscou; il compara la Silésie à la Livonie pour la fertilité, et il ajouta que la liberté des paysans rendait un pays mieux cultivé, et leur seigneur plus heureux. L'astronome observa que Moscou était à peu près à la même latitude que Breslau, et par conséquent susceptible des mêmes productions. L'officier hussard dit : « En vérité, je trouve que le seigneur du château, sur les terres duquel nous avons passé, a fort bien fait de quitter le service. Après tout, notre grand Frédéric, après avoir fait glorieusement la guerre, passe une partie de son temps à jardiner et à cultiver lui-même des melons à Sans-Souci. » Tout le monde fut de l'avis du hussard. Le ministre saxon même se mit à dire que la Silésie était une belle et bonne province; que c'était dommage qu'elle fût dans l'erreur; mais qu'il ne doutait pas que la liberté de conscience étant établie dans les états du roi de Prusse, tous les habitants, et surtout le maître du château, ne se rendissent à la vérité, et n'embrassassent la confession d'Ausbourg: « car, ajouta-t-il, Dieu ne laisse point une bonne action sans récompense, et c'en est une qu'on ne peut trop louer dans un militaire qui a fait du mal aux gens de mon pays pendant la guerre, de leur faire du bien pendant la paix. » L'hôte alors proposa de boire à la santé de ce brave seigneur; ce qui fut exécuté aux applaudissements de toute la compagnie.

Il n'y eut pas jusqu'au jeune rabbin qui ne voulût aussi trinquer avec elle. Il dînait seul et tristement, de ses provisions, dans un coin de la salle, suivant la coutume des juifs en voyage; il se leva, et vint présenter sa grande tasse de cuir à la dame, qui la lui remplit jusqu'au bord. Il la vida d'un seul trait: alors elle lui dit: « Que vous en semble, docteur? La terre qui produit de si bon vin ne vaut-elle pas bien la terre promise?—Sans doute, madame, répondit-il d'un air riant, surtout quand ce bon vin est versé par d'aussi jolies mains.—Souhaitez donc, lui dit-elle, que votre messie naisse en France, afin qu'il y rassemble vos tribus de toutes les parties du monde.—Plût à Dieu! repartit l'Israélite; mais auparavant il faudrait qu'il fît la conquête de l'Europe, où nous sommes presque partout si misérables. Il faudrait que ce fût un nouveau Cyrus, qui en forçât les différents peuples de vivre en paix entre eux et avec le genre humain.—Dieu vous entende! » s'écrièrent la plupart des convives.

J'admirais la variété d'opinions de tant de personnes qui disputaient avant de se mettre à table, et qui étaient d'un si parfait accord lorsqu'elles en sortaient. J'en conclus que l'homme était méchant dans le malheur, car c'en est un pour bien des gens d'être à jeun ; et qu'il était bon dans le bonheur, car quand il a bien dîné, il est en paix avec tout le monde, comme le sauvage de Jean-Jacques.

J'en tirai une autre conséquence plus importante, c'est que toutes ces opinions qui avaient pour la plupart ébranlé la mienne tour à tour, venaient uniquement des éducations différentes de mes compagnons de voyage; et je ne doutai pas que chacun d'eux ne retournât à la sienne quand il serait de sang-froid.

Desirant fixer mon jugement sur les sujets de la conversation, je m'adressai à un voisin qui avait gardé constamment le silence, et m'avait paru d'une humeur toujours égale : « Que pensez-vous, lui dis-je, de la Silésie, et du seigneur du château? — La Silésie, me répondit-il, est un fort bon pays, puisqu'elle produit des fruits en abondance ; et le seigneur du château est un excellent homme, puisqu'il fait du bien à tous les malheureux. Quant à la manière d'en juger, elle diffère dans chaque individu, suivant sa religion, sa nation, son état, son tempérament, son sexe, son âge, la saison de l'année, l'heure même du jour, et surtout d'après l'éducation qui donne la première et la dernière teinture à nos jugements; mais quand on rapporte tout au bonheur du genre humain, on est sûr de juger comme Dieu agit. C'est sur la raison générale de l'univers que nous devons régler nos raisons particulières, comme nous réglons nos montres sur le soleil. »

Depuis cette conversation, j'ai tâché de juger de tout comme ce philosophe; j'ai trouvé même qu'il en était de notre globe et de ses habitants comme de la Silésie; chacun s'en fait une idée d'après son éducation. Les astronomes n'y voient qu'un globe fait en fromage de Hollande, qui tourne autour du soleil avec quelques newtoniens; les militaires, des champs de bataille et des grades; les nobles, des terres seigneuriales et des vassaux; les prêtres, des communiants et des excommuniés; les marchands, des branches de commerce et de l'argent; les peintres, des paysages; les épicuriens, des paradis terrestres. Mais le philosophe le considère par ses relations avec les besoins des hommes, et les hommes eux-mêmes, par celles qu'ils ont entre eux.

ÉLOGE

HISTORIQUE ET PHILOSOPHIQUE

DE MON AMI.

ÉLOGE

HISTORIQUE ET PHILOSOPHIQUE

DE MON AMI.

Il n'est pas d'usage de faire l'éloge d'aucun être vivant ; car telle est l'instabilité humaine, que souvent les vices succèdent aux vertus qu'on a louées : Néron avait commencé comme finit Titus.

Cependant celui dont j'ai à parler est d'un caractère si inaltérable, que, dans quelque lieu qu'il se trouve, il se conciliera l'estime et l'amitié publique, par l'agrément et la solidité de ses qualités.

Après la guerre terrible qui entretint une haine de trente ans entre l'Espagne et la France, le mariage de Philippe de France et de l'infante d'Espagne rétablit la bonne intelligence entre ces deux grands peuples. Il est probable qu'alors des familles françaises suivirent leur prince en Espagne, et que des familles espagnoles vinrent s'établir en France. Il est même plus que vraisemblable qu'ils amenèrent avec eux, de leurs pays, leurs serviteurs, et plusieurs de ces animaux que leur attachement rend si dignes de l'amitié de l'homme, et qui, dans cette longue et cruelle guerre de la Succession, n'avaient jamais cessé de vivre en paix. L'homme seul a divisé la terre en royaumes; elle est pour le reste de ses habitants une patrie commune, qui n'a ni frontières, ni barrières, et où chaque espèce parle toujours le même langage, et conserve les mêmes mœurs.

C'est à une de ces familles espagnoles que mon ami doit son origine. On ne pouvait contester sa noblesse; car il venait d'un pays où personne n'en manque. Il naquit à Rouen, capitale de la Haute-Normandie, le 22 février 1762, le même jour que sont nés Socrate, Épaminondas, et plusieurs grands hommes de l'antiquité; et dans une ville où Corneille avait reçu le jour. Malgré sa noblesse et de si heureuses circonstances, il vint au monde les yeux fermés, comme les chiens de berger; et il doit en sortir de la même manière, puisque ni la naissance, ni le lieu, ne préservent aucun de la loi commune.

Il n'avait pas encore ouvert les yeux à la lumière, qu'il fut exposé aux plus terribles coups du sort : la moitié de sa famille fut condamnée à périr dans les eaux, d'où un savant célèbre assure que le genre humain est sorti.

On dit qu'il entendit son arrêt sans se plaindre, qu'il lécha même la main cruelle qui l'avait déja choisi au milieu de ses frères éperdus. Trois fois la cuisinière le prit, le replaça; et enfin touchée de sa candeur, elle le rendit à son berceau.

O pouvoir surprenant de l'innocence,

que vous êtes supérieur à l'éloquence même! Quand il aurait pu parler, qu'aurait-il pu dire pour s'empêcher d'être jeté à l'eau? les hommes savent si peu épargner leurs semblables! auraient-ils ressenti quelque pitié pour sa jeunesse, lorsque l'aspect des douleurs humaines peut à peine les émouvoir?

Cet innocent, échappé à la cruauté des hommes, fut abandonné, avec un frère et une sœur, aux soins de sa mère. Elle ne leur fit point part d'un lait étranger. Tout occupée de ses enfants, elle les veilla jour et nuit; plus de chasse, plus de jeux, plus d'amour : elle renonça aux allures brillantes, aux courses folâtres, à l'envie de plaire, même au sentiment de l'amitié : insensible à la voix d'un maître chéri, son cœur maternel n'était remué que par les cris de ses chers nourrissons. Elle s'appelait Fidèle, et on donna à celui de ses fils dont je parle, le nom de Favori, surnom pris, comme chez les Romains, de ses qualités personnelles.

En effet, rien n'était plus intéressant que sa petite figure. Il était d'une belle couleur marron. Une cravate blanche descendait sur sa poitrine, comme s'il eût porté du linge. Sa queue se recourbait sur son dos en aigrette touffue; deux longues oreilles faisaient l'arc aux deux côtés de sa petite tête, et il les jetait en arrière, ou les retroussait, à sa volonté. Ses yeux, pétillants de feu, étaient bordés de deux petits cercles, qui, de loin, lui donnaient, l'apparence de porter une paire de lunettes. Avec les agréments de la physionomie, on entrevoyait en lui un fonds de mélancolie, qui, selon Plutarque, est signe d'une nature forte (1). Son éducation n'eut rien d'artificiel; on ne lui apprit ni à danser, ni l'exercice à la prussienne, ni à connaître les cartes. On éloigna de lui toute instruction dangereuse ou superflue et qui énerve le corps. De toutes les parties de la gymnastique, il ne s'exerça volontairement qu'à

(1) Vie de Numa.

courir et à lutter. Il n'était pas besoin de lui proposer pour la course, comme à l'élève d'un grand philosophe, un but, des applaudissements, un gâteau; on le voyait, seul et de lui-même, tantôt courir ventre à terre, dans une longue allée; tantôt tourner en rond dans un salon, jusqu'à perdre haleine. Il était à la fois son juge, son émule, sa récompense; et pour me servir des fortes expressions du style moderne, souvent, dans cet exercice, il s'est surpassé lui-même.

Quant à la lutte, il n'hésitait pas à s'adresser à des chiens plus grands que lui: il les saisissait au collet, tantôt dessus, tantôt dessous. Jamais il ne s'est fâché de sa défaite, ni enorgueilli de sa victoire; jamais ses jeux badins ne mirent ses rivaux de mauvaise humeur. Pour les autres exercices du corps, il refusa constamment de se joindre aux enfants du voisinage. Il redoutait ces écoliers qui, petits, s'amusent à lancer des pierres aux pauvres chiens, et qui ensuite, devenus grands, jettent des bombes aux hommes : jamais il ne voulut se mêler à leurs parties, ayant éprouvé que tous les jeux de mains étaient malhonnêtes.

Il y avait un art pour lequel il se sentait la plus grande disposition, et où véritablement il faut de l'industrie : c'était celui de faire des mines. Était-il au milieu d'un parterre, son petit museau et ses petites pattes avaient bientôt creusé un souterrain; mais comme ses travaux fâchaient les jardiniers, il y renonça, persuadé qu'il faut toujours sacrifier son plaisir particulier à l'intérêt d'autrui.

Il lui resta de cet essai des connaissances profondes dans les simples. Il ne venait point à la campagne, qu'il ne s'amusât à herboriser. Trouvait-il une plante diurétique, elle agissait d'abord sur lui; en trouvait-il une purgative, il l'odorait comme médecin, et en faisait l'épreuve comme s'il eût été malade. Ainsi, réunissant la pratique à la théorie, sa science en médecine était devenue infaillible.

Voilà les qualités personnelles et les connaissances acquises qu'il apporta en entrant dans le monde, dont il s'acquit d'abord l'estime, et dont il se concilia l'amitié par les sentiments de son cœur.

Sa franchise et sa bonne foi paraissaient en toute occasion, et notamment par l'aversion insurmontable qu'il avait pour les hypocrites. A la vue d'un chat, il entrait en fureur; mais, sachant qu'il faut employer la prudence avec les perfides, immobile, l'œil fixe, s'avançant pas à pas vers cet ennemi qui le croyait inattentif, il se lançait sur lui à l'improviste, et le secouait de toutes ses forces, qui ne répondaient pas toujours à son courage. Sa haine s'étendait à tous les animaux malfaisants. Qui pourrait nombrer les rats qu'il a étranglés, les uns dans la force de l'âge, les autres tout gris de vieillesse et de malice, des rats mulots, des rats d'eau, et même des rats d'église? il ne lui manqua qu'une occasion pour devenir un héros.

Mais sa reconnaissance n'était pas moindre envers ceux qui lui faisaient du bien. L'absence et le temps, qui font un si grand tort aux amitiés des hommes, n'affaiblissaient jamais la sienne : j'en ai vu un grand exemple à l'Ile-de-France, où il reconnut, avant moi, un officier qui lui avait donné, six mois auparavant, à dîner dans une hôtellerie de Bretagne.

Qui pourrait assez louer en lui la hardiesse de ce même voyage? Certes, si l'histoire loue Pierre-le-Grand, empereur de Russie, d'avoir surmonté, par amour de la gloire, l'aversion qu'il avait pour l'eau; que dirait-elle donc de Favori? y avait-il, hors celle des hydrophobes, une horreur de l'eau égale à la sienne! Tout le monde sait qu'il m'accompagnait partout; que, malgré sa petite taille, il n'y avait point de bourbier qu'il n'osât franchir pour me suivre; mais quand j'arrivais sur le bord de la rivière, il s'enfuyait à toutes jambes, et retournait pleurer à ma porte, me croyant infailliblement perdu.

Qui pourrait exprimer son émotion, sa joie, ses cris étouffés, quand il me revoyait? Certes, il ne craignait pas pour lui, qui était en sûreté; mais l'amitié venait toujours doubler le poids des peines que la nature lui donnait à supporter.

Cependant, un jour que je faisais mes malles, et que je disposais tout pour un grand voyage, il fit paraître, à ses mouvements, qu'il était parfaitement résolu à me suivre, tirant son courage du danger même. Quand il fallut s'embarquer, je vis ce que je n'aurais jamais osé croire : il s'élança dans la chaloupe, sans même délibérer, comme César avait fait au passage du Rubicon. Quelle gloire l'attendait donc au-delà des tropiques? s'agissait-il de conquérir la terre ou de la mesurer? quel motif le poussa à ce trait d'héroïsme? était-ce l'ambition ou la curiosité? Non, c'était le plaisir de suivre son ami.

Pendant ce voyage, il s'appliqua, dans un long loisir, non à connaître la navigation dont il n'avait que faire, mais à distinguer parfaitement le son de la cloche qui appelait aux heures des repas. Quoiqu'on la sonnât plusieurs fois, dans la journée, de la même manière, il ne s'y est jamais mépris. Qu'on ne pense pas que ce fût gourmandise; sa sobriété était connue, et telle, qu'une fois son repas pris, aucune invitation ne l'aurait porté à accepter un morceau de plus. Si je l'en pressais, il le saisissait dans ses lèvres, et le gardait sans l'avaler; après quoi, il allait le cacher pour le besoin à venir, faisant paraître à la fois, dans la même action, sa prévoyance, sa sobriété, et sa déférence pour moi.

Il n'eut qu'un objet dans ce voyage, celui de me plaire. S'il me voyait triste, il venait se jeter sur mes genoux, et par ses

17.

murmures semblait m'inviter à de plus douces pensées : il s'étudiait à faire passer sa joie dans mon ame. Par une incroyable sagacité, il connaissait les différents degrés d'attachement que les passagers avaient pour moi : en sorte que par les caresses qu'il faisait à ceux qui m'approchaient, je pouvais m'assurer du degré de leur amitié.

Moi-même, cher Favori, ne vous ai-je pas rendu caresse pour caresse, amitié pour amitié? N'avons-nous pas eu toujours le même lit, les mêmes promenades, la même table? Souvent n'avons-nous pas bu dans le même verre? Quel soin n'eus-je pas de vous dans les tempêtes, et dans le voyage que nous fîmes à pied autour de l'île!

Pourquoi m'avez-vous quitté, moi qui, par amitié, vous avais refusé aux plus aimables dames, et qui n'eusse pas donné votre société pour la protection d'un grand seigneur? Hélas! je m'affligeais quelquefois à votre sujet, en pensant que je vous avais vu petit, et que déja je vous voyais sur le retour, tandis que j'étais jeune encore. Je me plaignais à la nature, qui vous avait donné à moi pour ami et pour compagnon de mes courses, de ne nous avoir pas fait présent d'une vie d'une égale durée; comme s'il pouvait y avoir des amitiés parfaites dans une carrière si courte. Je pensais souvent à ce que je ferais lorsque vous seriez vieux, aveugle, ne pouvant plus marcher; je pensais que je vous porterais dans mes bras, et que, quelque mauvaise que fût ma fortune, je serais encore assez heureux pour faire le bonheur d'un ami. Pourquoi donc m'avez-vous quitté? Qui a pu vous séparer de moi? Ah! c'est l'amour; cette passion funeste, ce vice des bons cœurs, source intarissable de leurs plaisirs, et surtout de leurs peines.

Favori plaisait aux dames, et il les aimait. Soit politesse, soit instinct, il se mettait volontiers sur les jupes blanches des jeunes créoles. Il était toujours à mes pieds; mais si je fixais quelque temps les yeux sur une demoiselle, il me quittait, allait près d'elle, se couchait sur le bout de ses pieds, et de là il me regardait. Je ne sais si ce fut là qu'il s'enivra du poison de l'amour. Il s'était, par ses caresses, concilié l'amitié des dames : une des plus aimables m'engagea à le lui prêter, afin de perpétuer dans l'île tant de qualités par un heureux mariage. Fatale complaisance! à peine Favori eut-il goûté l'ivresse de cette cruelle passion, qu'il ne mangeait plus. La nuit, il ne faisait que se plaindre; il haletait, il pleurait. On le ramenait le soir; mais dès la pointe du jour il s'échappait, et courait à une lieue de là.

Dans une de ces courses, il me fut enlevé; et j'appris par des marins qu'on l'avait vu errer dans l'Ile-de-Bourbon.

O comme je l'ai vu combattre entre l'amour et l'amitié! sortir, rentrer, se placer à mes pieds, courir comme s'il avait pris son parti; puis revenir, se coucher, baisser la tête, remuer la queue; il semblait me dire : vous me reverrez ce soir. Il eût voulu se partager entre ces deux sentiments.

Favori, si vous vivez encore, puissent les Naïades de Bourbon vous offrir dans vos courses leurs eaux argentées! que les vents des tropiques agitent vos soies, et rafraîchissent ce cœur où ont brûlé les feux de l'amitié! Si quelquefois du haut d'un rocher, aspirant l'air, vous appelez, comme jadis, par vos soupirs, votre maître, hélas! perdu comme vous dans un autre hémisphère, puisse l'amour vous consoler de sa perte! que les jeunes filles de Bourbon vous prodiguent les soins les plus doux; qu'elles se plaisent à peigner vos longues soies; qu'elles vous dédommagent par leurs baisers de ceux que vous aimiez à recevoir du plus tendre des maîtres!

Mais si vous n'êtes plus, cher Favori, puissiez-vous donner votre nom à quelque promontoire! puissent vos vertus et votre ami le faire passer à la postérité!

VOYAGES
DE CODRUS.

VOYAGES

DE CODRUS.

Je m'appelle Codrus. Je suis né à Ancyre, petite ville de la Grèce. Si on peut ajouter foi à la tradition de ses ancêtres, je descends de Codrus qui se sacrifia pour sa patrie. Mon père me fit instruire dans les sciences que Minerve a cultivées; il me laissa très-peu de biens, mais de la confiance dans la providence des dieux, et un grand exemple à suivre.

Les Athéniens défendaient leur liberté contre Philippe; je crus qu'ils recevraient avec plaisir le descendant d'un citoyen qui s'était offert à la mort pour elle. Ils me donnèrent un petit emploi dans leur armée, si on peut donner ce nom à une assemblée de sibarites : le général le plus estimé était celui qui avait la meilleure table ; on y voyait plus de comédiens que de soldats.

J'aimais la vertu militaire, je ne pus souffrir tant de désordres ; je parlai, et je me fis des ennemis. Je résolus de prévenir ma disgrace, et de chercher une terre où la vertu pût conduire au bonheur : sans le bonheur, à quoi servirait d'être vertueux?

Je partis pour l'île des Phéaciens ; je trouvai des républicains occupés de dissensions perpétuelles, un peuple sans femmes, un trésor sans argent, une île sans terres. Ils ne subsistent que des aumônes des autres nations, et ne se perpétuent qu'en adoptant sans cesse de nouveaux citoyens. Ils ont aimé autrefois l'art militaire, dont ils ne font plus de cas. Je quittai avec plaisir une société qui ne peut se nourrir elle-même, ni se reproduire.

Je fus chez les Phéniciens, qui naviguent dans toutes les mers du monde : c'est un peuple sage. Ils sont, de tous les Grecs, les plus sobres et les plus économes; mais de grands défauts ternissent ces qualités : ils n'estiment que les richesses, ils regardent les gens de guerre comme des marchands qui trafiquent de leur propre sang. Je sortis d'un pays où l'argent seul donne de la considération, où tout abonde par le commerce, et où l'on ne jouit de rien.

J'étais pauvre, et j'aimais la gloire; je résolus d'aller chez les Scythes, célèbres par leur bravoure et leur simplicité. Après de grands périls, j'arrivai dans leur capitale. Les Scythes étaient gouvernés par une femme célèbre. De grands talents faisaient oublier en elle de grandes fautes. Elle avait appelé dans son empire les arts de la Grèce; j'étais Grec, j'en fus bien accueilli : j'allais souvent à la cour. Un jour, j'appris qu'un officier scythe, de mes amis, venait d'être envoyé sur le bord de la mer Glaciale, où il était condamné à finir ses jours. Son crime était d'avoir été attaché à un des grands qui avaient mal parlé de la souveraine. Cette nouvelle Sémiramis enveloppa dans sa vengeance le protecteur et le protégé.

Je chérissais l'amitié et la reconnaissance comme des chaînes dont les dieux ont voulu lier les ames honnêtes et sensibles : je redoutai une cour orageuse. D'ailleurs, l'aspect d'une terre couverte de glaces la moitié de l'année, et la barbarie des peuples qui l'habitent, me faisaient soupirer après le doux climat de la Grèce; les vices aimables de mes compatriotes me paraissaient préférables aux vertus sauvages des Scythes.

J'avais peu d'argent. Des amis, quelques jours avant mon départ, m'engagèrent à jouer : la fortune me fut si favorable, que je gagnai de quoi faire aisément mon voyage : je partis.

Il s'offrait une belle occasion d'atteindre cette gloire que je cherchais dans les armes. Les Sarmates défendaient leur liberté contre les Scythes, qui voulaient leur donner un roi. J'arrivai chez les Sarmates, qui, divisés entre eux, paraissaient toucher aux horreurs d'une guerre civile. Je pris le parti du citoyen le plus zélé et le plus faible; je cherchai à l'aller joindre; je fus fait prisonnier dans ma route. Ma cause parut si belle à des peuples qui aimaient la liberté, que toutes les factions s'empressèrent de me donner des marques d'amitié. On m'obligea de renoncer, pour quelque temps, à la guerre, et de laisser ces républicains vider entre eux leurs différents; mais il me fut permis de me trouver à toutes leurs fêtes.

J'étais dans les premiers feux de la jeunesse, et je m'impatientais déja de vivre dans l'oisiveté : un dieu plus puissant que Mars vint m'enrôler sous ses drapeaux, et me donner un service que la république ne m'avait point interdit. Une princesse sarmate me subjugua : je l'aimai, et j'en fus aimé. Les fêtes, les plaisirs se succédaient chaque jour. Ah! si le bonheur se trouvait dans les palais, j'avais trouvé le bonheur; les mois se passèrent dans une ivresse perpétuelle. Un jour je la surpris accablée de tristesse; ses beaux yeux étaient baignés de larmes : « Il faut, dit-« elle, nous quitter; mes parents me rap-« pellent près d'eux : je dois tout à une « famille puissante. Malheureuse grandeur! « que n'ai-je pu être toute ma vie à Co-« drus! bergère, nous eussions passé en-« semble des jours dignes d'envie. Il faut « nous séparer; mais recevez ce dernier « gage d'un attachement et d'une estime « éternels. » Elle me donna son portrait, qu'elle avait peint elle-même. Toutes les passions s'enflammèrent à la fois dans mon cœur : je voulais fuir, je voulais rester, je voulais mourir. En vain, je m'efforçai de la retenir; il fallut nous quitter, et nous quitter pour toujours.

Je connus alors que la volupté était plus difficile à vaincre que l'infortune. Je partis, le cœur rempli d'amour et de regrets, ne pouvant ni oublier mon bonheur, ni penser à une félicité si rapide. Je résolus de chercher à finir une vie qui ne m'offrait dans l'avenir que le souvenir d'une perte irréparable.

Je me rendis chez Philippe. Ce prince victorieux avait donné la paix aux Athéniens ; semblable à un vieux lion, la terreur régnait autour de son palais. Mon ardeur lui plut, il m'offrit du service ; mais il me parut que la crainte qu'il avait inspirée à ses voisins prolongerait trop long-temps une paix oisive. Si Philippe eût fait la guerre aux Sarmates, j'eusse volontiers servi comme simple soldat, pour enlever à sa famille mon aimable princesse.

Je quittai la Macédoine, où les seules vertus militaires mènent les hommes à de tristes honneurs, où les habitants vivent dans la paix comme s'ils étaient dans la guerre : j'arrivai à Athènes, résolu d'y finir mes jours.

Toutes les sciences sont estimées à Athènes ; mais on préfère à celles qui sont utiles celles qui sont agréables. Je me livrai à la philosophie, persuadé que je viendrais à bout de calmer les agitations d'un cœur en proie à tant de passions : partout je portais une inquiétude secrète. J'appris qu'il existait un bonheur que les sciences ni les arts ne sauraient donner. Je voulais être vertueux, et je sentais redoubler ma tristesse.

Je lus tous les traités des philosophes qui se contredisent sans cesse, et finissent par vous laisser dans un doute pire que l'ignorance.

Je lus l'histoire de différents peuples. Le spectacle de tant de rois malheureux sur le trône élève l'ame et l'afflige : un bon cœur peut-il se consoler par le malheur d'autrui ?

Enfin, je lus les voyageurs, qui mettent toujours la félicité hors de leur patrie, et la raison chez les peuples barbares. Je fus séduit par la description des iles Fortunées; je résolus de porter au-delà des mers mon ambition et ma curiosité : d'ailleurs j'espérais y acquérir de la fortune, et y travailler à la gloire de mon pays sous un climat délicieux.

Après un voyage plein de dangers et d'ennui, nous arrivâmes dans un port dont l'aspect aride et brûlé était semblable aux forges de Vulcain. Je trouvai dans cette île plus de discorde que chez les Phéaciens, plus de pauvreté que chez les Scythes, un despotisme plus dur que dans cette cour barbare. La plupart des hommes, réduits à l'esclavage, y sont plus misérables que les bêtes. Il n'y a ni liberté, ni société, ni émulation honnête : les talents de l'esprit vous font des ennemis; les qualités du cœur vous donnent un ridicule. De tous les pays que j'ai vus, je n'en ai point trouvé où il soit plus désagréable de vivre.

Les dieux ont cependant compensé les peines que j'ai éprouvées. J'y ai connu une famille à laquelle j'ai voué un attachement et une estime inaltérables. Heureux, si je pouvais près de Lucinde fixer mes pénates! Je l'aime sans intérêt; que desire-t-elle davantage? que demanderaient de plus des rois? que demanderaient de plus les dieux?

Si l'on peut ajouter quelque foi à un songe, je puis espérer de trouver le bonheur après lequel j'ai si long-temps couru: il m'a semblé que Lucinde me ménageait dans sa famille une alliance qui doit faire ma félicité; et ce songe était accompagné de circonstances si frappantes, que le réveil n'a pu les effacer, et je les conserve par écrit.

Après avoir cherché le bonheur dans les cours, à la guerre, dans les plaisirs, dans la retraite, au milieu des glaces du Nord et dans les climats chauds, j'ai vu que je courais après un fantôme; j'ai connu enfin que le bonheur consistait à se rapprocher de la nature. Il a plu à la nature de nous donner un corps, un esprit et un cœur. Ces êtres différents ont des besoins distincts; ces besoins font nos plaisirs: le bonheur est l'harmonie de ces mêmes plaisirs. C'est à la raison à en régler les accords, et à chercher à les satisfaire dans la nature, suivant les besoins de chacune de ces facultés: l'étude de ces besoins est la connaissance de soi-même. Voici ce que mon expérience m'a appris, et d'où dépend mon bonheur particulier.

Le bonheur du corps consiste dans les *plaisirs des sens.* J'aimerais donc à vivre sous un climat tempéré, à la campagne plutôt qu'à la ville: l'azur du ciel, le vert des prés et des forêts, le cristal des ruisseaux récrée ma vue, et me réjouit plus que les lambris et les peintures; le parfum des jasmins, des violettes, des roses, ravit mon odorat. O quand pourrai-je me reposer à l'ombre des lilas, ou sous les guirlandes d'un chèvre-feuille; me réjouir à la vue d'un champ couvert d'épis jaunissants, émaillé de bluets et de coquelicots! Le gazouillement des oiseaux, la mélodie du rossignol, le chant de l'alouette charme mes oreilles: il n'y a pas jusqu'au bêlement des troupeaux qui n'excite dans mon cœur le desir d'une vie simple et innocente. Quant au besoin de vivre, un vignoble, un verger, une laiterie, un potager, fourniront agréablement à mes plaisirs. Avec un peu d'art, qu'il est aisé de varier ses jouissances! Donnez, au printemps, un repas sur l'herbe fleurie, à l'ombre des tilleuls; rassemblez quelques honnêtes familles du voisinage, des jeunes filles fraîches et vives, des garçons d'une santé vigoureuse; offrez-leur des œufs frais, quelques poissons pris dans le ruisseau voisin, des gâteaux, des laitues, des crèmes, des cerises et de vieux vin; vous verrez la joie et la gaîté animer vos convives; vous les verrez, après le repas, chanter, danser et folâtrer sur l'herbe: gens des villes, allez digérer sur des canapés!

L'amour peut être regardé comme un plaisir des sens; mais dans l'homme il s'allie avec tant d'autres sentiments, que ce serait lui faire tort que de n'en faire qu'un besoin physique.

Les plaisirs de l'esprit consistent à *connaître*. C'est un desir dont je me guéris tous les jours : il vous porte trop loin. Je ne voudrais point exercer mon esprit aux sciences trop abstraites, ni aux ouvrages de pure imagination. L'homme qui s'y livre s'éloigne trop de la société, pour laquelle il est fait : il se plaît dans un monde qui n'existe pas, et qui lui fait souvent trouver insupportable celui qui existe.

J'aimerais l'histoire qui peint les hommes qui nous ont précédés, et nous donne des lumières et de l'indulgence pour vivre avec ceux qui nous environnent.

J'aimerais les ouvrages de littérature légère où les vices sont tournés, sans fiel, en ridicule, où les vertus et les passions aimables sont mises en action.

J'aimerais les observations sur la nature, pour admirer ses lois et connaître ses ressources.

Voilà où je bornerais mes lectures, afin de me rendre plus utile et plus agréable à mes amis et à moi-même.

Quant aux plaisirs du cœur, ils consistent dans le *sentiment*. Les plaisirs des sens nous sont communs avec les bêtes, ceux de l'esprit nous rapprochent des intelligences; mais nous ne sommes hommes que par le cœur. Y a-t-il quelque plaisir au-dessus de celui de faire du bien, d'avoir des amis, d'être chéri de ses enfants, d'aimer une femme aimable et d'en être aimé?

Sans amis, il n'y a point de bonheur; sans amis, le monde n'est qu'un désert; sans amis, il vaut mieux ne pas exister. L'amitié n'est pas la vertu des ames faibles: citez-moi un grand homme qui n'ait pas eu un ami.

Je voudrais une femme: tous les célibataires sont tristes. Je voudrais une femme qui me plaise; l'inclination est l'instinct de l'homme. Si le bonheur est l'harmonie des plaisirs, dans une femme aimée se trouve toute la félicité dont l'homme est susceptible. Dans une femme aimable on trouve à satisfaire à la fois les sens, l'esprit et le cœur : c'est là le secret de la nature qui rend l'amour si puissant.

Si j'avais à choisir une femme, je la voudrais simple dans ses mœurs, spirituelle, franche, m'estimant assez pour m'avouer ses fautes, m'aimant assez pour n'en pas faire : je la souhaiterais naturellement gaie, se plaisant à faire du bien, sensible et bonne.

Je voudrais qu'un même esprit dirigeât nos actions, et qu'une indulgence mutuelle nous aidât à nous supporter. Je voudrais en faire à la fois ma maîtresse et le meilleur de mes amis.

Je voudrais que la religion se mêlât à nos amours; que, semblables à des arbrisseaux entrelacés qui s'élèvent vers le ciel, notre union nous rassurât contre les agitations de cette vie.

Le bonheur de ma femme, le soin de mes enfants et leur éducation, seraient l'objet de mes plaisirs et de mon ambition; car c'est encore une passion du cœur qui demande à être satisfaite. Mais, par la méditation des biens dont l'homme jouit sur la terre, j'aimerais à croire que le Ciel lui en prépare de plus durables. Cette pensée si vraisemblable, si naturelle au cœur de tous les hommes, élèverait l'ame de ma famille bien-aimée; elle nous rassurerait contre les revers de la fortune : elle serait le principe de notre religion, de notre morale, de notre philosophie.

Mais à quoi servent des vœux inutiles? je desire des amis, et les miens sont dispersés; une petite terre, et je n'ai pas une métairie; de la liberté, et je vis dans un pays despotique; une femme choisie dans ma patrie, et je suis aux extrémités du monde.

J'espère cependant que par des lois inconnues les dieux me feront parvenir au bonheur que je desire. Quand les hommes, dit un sage, sont élevés au comble du bonheur, ils n'imaginent pas comment ils en peuvent tomber; quand ils sont plongés dans l'infortune, ils ne voient pas par où ils en pourront sortir. Les dieux les conduisent par des routes extraordinaires à des fins qu'ils n'ont pas prévues, afin que l'homme connaisse ses faiblesses et le pouvoir des dieux.

———

LE

VIEUX PAYSAN

POLONAIS.

LE
VIEUX PAYSAN
POLONAIS.

Plusieurs mois après le couronnement de Catherine II, au moment où les ambassadeurs venaient déposer au pied du trône les hommages de chaque province, un vieux paysan polonais se présenta tout à coup devant l'impératrice, et lui adressa le discours suivant :

Auguste souveraine ! on m'a dit que vos sujets vous appellent leur mère, et qu'ils s'adressent à vous dans leurs peines.

On m'a dit que vous invoquiez dans les vôtres le Père commun de la nature. Puisse le Ciel, qui seul peut satisfaire aux besoins des rois, vous être aussi favorable que vous l'êtes à vos peuples !

Quoique étranger et pauvre, j'ai compté sur votre religion qui vous rapproche des hommes, et sur votre bienfaisance qui vous rend semblable à Dieu. J'ai quitté les forêts pour venir à votre cour. Mais la majesté de ce palais m'interdit; ces marbres et ces toits dorés, ces voiles de pourpre, ce bruit de tambours dont ces voûtes retentissent; tout annonce votre grandeur, tout déconcerte ma faiblesse. Un vieillard qui se soutient à peine, une voix éteinte, une langue sauvage, un cœur chargé d'ennuis; quel spectacle pour des rois, et quel ambassadeur!

Fille d'Adam, vous avez été épouse, et vous êtes mère; malgré cette pompe, malgré ces gardes couverts de fer, peut-être que l'adversité, qui ne respecte rien, a pénétré jusqu'à vous ! Ah ! si jamais vous l'avez éprouvée, ne méprisez pas l'éducation qu'elle donne.

Souffrez que je m'approche aussi de ce trône redoutable, où nos voisins ont porté les lois violées de leur commerce, où nos grands proscrits redemandent leurs honneurs, où deux religions se disputent des temples.

Nos droits, si les malheureux en ont, sont plus anciens que les traités d'Oliva; la politique n'en a point de si respectables, ni la religion de plus sacrés; ce sont les droits de la nature, que deux millions d'hommes réclament par ma voix : notre misère est si grande, qu'on ne peut l'augmenter sans nous détruire; elle est si ancienne, que personne ne nous plaint.

Ne pensez pas que je sois un député de cette nation proscrite que poursuit la vengeance divine; nous ne sommes point juifs, mais chrétiens et polonais. Nous avons des lois, des grands, des magistrats, un souverain, des prêtres : et plût à Dieu que nous n'en eussions point! Ces établissements, qui peut-être assurent la félicité des autres nations, semblent imaginés pour notre désespoir.

Nous sommes privés des premiers biens que le Ciel n'a pas refusés aux bêtes sauvages; nous n'avons point de liberté; et tel est notre esclavage, que chez nous tout est enchaîné, jusqu'aux sentiments du cœur. Nous ne pouvons nous livrer ni à l'amitié conjugale, ni à la tendresse paternelle. Il n'est pas permis à nos jeunes gens de se choisir des femmes, que nos gentilshommes ne les aient refusées pour concubines: nos filles ne peuvent avoir de maris que ceux qu'ils n'ont pas jugés dignes d'être laquais. Tous les ans, notre jeunesse nous est enlevée; tous les ans, on cueille cette fleur des champs pour la flétrir. Comme les pigeons que les vautours ont décimés, ceux qui restent, interrompus dans leur choix, troublés dans leurs inclinations, se retirent éperdus dans leurs cabanes pour y gémir en liberté; mais bientôt on vient les distraire de leurs douleurs par des travaux qui font frémir.

Dès l'aube du jour, hommes, femmes, enfants, confondus avec les bœufs, sont accouplés aux mêmes jougs, et sous les mêmes fouets. Accablés de coups, d'imprécations et de fatigues, nous rentrons avec la nuit dans nos villages.

Ah ! que ne pouvez-vous voir nos tristes demeures, où la misère confond les âges et les sexes sous les mêmes physionomies ! Forcés de nous servir de tout ce que l'avidité de nos maîtres ne nous enlève pas, souvent nous allons chercher au fond des marais, et dans les roseaux, de quoi vivre et de quoi nous vêtir; nos habits n'ont point de forme, nos aliments n'ont point de nom.

Si quelquefois la nature nous inspire des sentiments communs à tous les animaux, jamais ils ne s'annoncent par notre joie. Nos amours ressemblent à des funérailles, et nos chaumières à des tombeaux. La vie s'y allume comme une lampe funèbre, et s'y perpétue comme une contagion; nos enfants naissent au milieu des plus sales bestiaux, pauvres, nus, misérables, et n'ayant rien qui les distingue que leur sensibilité, qui en doit faire des hommes et des infortunés.

A peine commencent-ils à répondre à nos caresses, à peine commencent-ils à essuyer les larmes de leurs mères, qu'on nous les enlève; on les joue, on les trafique, on les vend dans les marchés comme des moutons. Semblables par leur innocence à ces paisibles animaux, leur sort n'en différerait pas, si la cruauté de nos maîtres s'était avisée de se repaître de leur chair : sans doute que le Ciel a mis quelque poison dans notre sang, puisque, servant à toutes leurs passions, ils ne nous sacrifient pas encore à leur gourmandise.

Transportés dans leurs maisons, nous éprouvons tous les caprices de l'orgueil, toutes les fantaisies de l'opulence, toutes les inquiétudes de l'oisiveté; enfin leurs vices peuvent s'exercer sur nous librement, puisque la loi, qui leur assujettit nos biens, leur soumet encore nos personnes. Par cette loi cruelle, le prix de notre vie est fixé. Tout homme, assez riche pour payer un bœuf, peut tuer impunément un père de famille.

Nous sommes toujours étrangers dans ces familles barbares, nous essuyons toutes les humiliations de la domesticité sans en goûter les douceurs. Elles nous refusent jusqu'à des lits; nous couchons, comme les chiens, sur les escaliers et dans les cours: nous ne trouvons chez elles ni pitié, ni indulgence; nos faiblesses y sont regardées comme des crimes, et nos moindres fautes punies par des supplices.

Ce peuple de rois se joue des hommes: aux champs nous sommes des bêtes de charge, des esclaves à la ville, des bouffons dans leurs festins, et des soldats dans leurs querelles; car c'est par nos mains qu'ils les décident, et dans notre sang qu'ils lavent leurs offenses. Victimes des passions que nous n'avons point allumées, nous redoutons également les joies et les fureurs de nos maîtres; leurs divisions nous annoncent la guerre, et leurs alliances nous donnent de nouveaux tyrans.

En vain mêlent-ils à nos aliments des graines de pavots, en vain veulent-ils assoupir le sentiment de nos peines : ces maux ont pénétré notre existence, et nous n'en pouvons perdre le souvenir qu'avec la vie. Le bien même qui console des maux présents par l'espérance des biens éternels, la religion, commence à perdre son crédit dans nos esprits : on nous dit que les vérités qu'elle enseigne ont passé des apôtres à nos évêques; mais cette source céleste voudrait-elle couler par des canaux impurs? Ces pontifes d'un Dieu pauvre habitent des palais; ils parlent de son affabilité, et jamais le peuple ne les approche; ils prêchent ses bienfaits, et vivent de nos dépouilles; ils nous recommandent son humilité, et ils ont des gardes; sa soumission, et ils font la guerre. Quelle foi ajouter à des opinions qu'annoncent des hommes corrompus? Il semble qu'ils n'ont imaginé des récompenses futures à nos misères présentes, qu'afin de tourner nos vertus au profit de leurs vices.

Quand ils daignent s'excuser, ils disent que la loi est toujours la même, mais que le siècle est différent. Si la loi fut donnée pour régler les mœurs, que ne changent-ils la loi quand les mœurs ont changé!

Verra-t-on toujours en contradiction des préceptes qui condamnent leur vie, et des scandales qui décréditent leur mission?

Mais sans doute cette loi est divine, qui se soutient par ce qui devrait la détruire. Les ouvrages du Ciel tirent leur grandeur d'une faiblesse apparente, et l'intelligence se cache sous la contradiction. La rose croît entourée d'épines; on recueille le meilleur miel dans le tronc des chênes.

O religion sainte! nous reconnaissons

votre empreinte divine; nous savons que la pauvreté et l'abaissement sont des vertus dignes de vos temples : mais chez nous elles n'ont point de mérite, puisqu'elles sont contraintes ; et quand elles seraient libres, leur excès pourrait-il plaire au Père commun des hommes? approuverait-il, dans sa religion, des maux qu'il a tempérés dans la nature? La vie est une épreuve, et non pas un supplice. S'il fait retentir le tonnerre quand il verse les moissons sur les campagnes, c'est afin que l'abondance ne nous enivre pas ; quand il a étendu nos plaines sous les glaces du Nord, il les a couronnées de forêts pour fournir un feu perpétuel à nos foyers. Nous sommes ses enfants; toujours sa bonté nous rassure quand sa justice nous épouvante; toujours il verse un peu de lait dans la coupe amère de la vie. De quel œil voit-il donc des maux qu'il n'a pas créés? l'homme traité par l'homme comme la bête, des tourments sans fin et des angoisses inexprimables ! Sans doute les malheurs dont gémit la république sont un effet de sa justice ; il la châtie des mêmes verges dont elle nous a si long-temps frappés.

Nobles polonais, vous avez abusé de notre liberté, et aujourd'hui vous réclamez la vôtre ; vous nous avez dépouillés de nos biens, et toutes les nations se disputent vos provinces. Une partie vous a été enlevée ; les Suédois, les Prussiens, les Russes se promènent tour à tour dans vos domaines. Quand nos voix suppliantes imploraient votre miséricorde, vous avez rejeté nos prières ; et vous vous humiliez aujourd'hui devant des paysans semblables à nous. Vous cherchez des asiles chez ces Moscovites, si long-temps méprisés par votre orgueil injuste. Le Ciel les a rendus nos vengeurs et vos maîtres. Quelle loi venez-vous réclamer ici, quand vous avez violé la nature qui nous rendait égaux, l'humanité qui veut que les hommes s'entr'aident, et la religion qui leur ordonne de s'aimer?

O malheureux pays, où ce sabre, qui devait nous protéger, n'est terrible qu'à nous; où celui qui dévore le blé maltraite celui qui le sème; où nous sommes serfs avant de naître, et dépouillés avant de jouir! Les Juifs, si haïs, sont moins à plaindre. Toujours errants, ils échappent à vos lois féroces; ils sont libres, ne cultivent point la terre, vivent de vos besoins, s'enrichissent de votre ruine, et attendent encore un libérateur pour vous punir.

Grande impératrice, mettez fin à tant de misères. Quoique nous ne soyons pas vos sujets, vous régnez; la peine d'autrui n'est point indifférente aux bons cœurs. Il n'y a point pour les grands rois d'injustice étrangère. Étendez votre humanité aussi loin que votre puissance; ôtez à nos maîtres ce pouvoir arbitraire et cette liberté licencieuse. Dans leurs mains, c'est un couteau dont ils nous égorgent, et dont ils se blessent eux-mêmes.

Lorsque je quittai les sources de la Vistule, pour venir ici, je traversai une partie de la Pologne, et tout le grand-duché de Lithuanie. Dans vingt journées de marche j'ai trouvé partout les paysans également malheureux. Quand je leur ai demandé quel remède ils croyaient nécessaire à leurs maux : de la liberté et des terres ! m'ont-ils dit. Quand je leur ai demandé ce qu'ils comptaient vous offrir pour de si grands bienfaits, ils ne m'ont rien répondu, car ils n'ont rien.

Respectable souveraine, de la liberté et des terres ! voilà mes instructions; voilà l'objet de nos souhaits et le principe de tout bonheur. S'il faut l'acheter, contentez-vous des vœux d'un peuple pauvre ; nous n'offrons point d'autres présents sur les autels. Nous prierons le Ciel, qui vous a donné les lumières d'un grand monarque et les sentiments d'une bonne princesse, de vous récompenser par l'estime de l'univers et par l'amour de vos peuples. Nous instruirons tous les jours nos petits enfants à mêler votre nom dans leurs prières innocentes. Tous les jours ils vous remercieront, après Dieu, de ce pain quotidien qui leur manque aujourd'hui.

Pour garantir la durée de notre liberté, qu'il nous soit permis de choisir un protecteur dans notre nation. Parmi nos seigneurs, il en est quelques-uns de justes, d'humains, de généreux, tels que le prince palatin de Russie et les princesses Staniska et Miesnik, etc... Qu'il nous soit libre, à l'avenir, de confier nos intérêts à celui des grands que nous estimerons le plus.

Les chevaux du roi de Pologne ont un grand écuyer; ses chiens et ses faucons ont un grand veneur: pourquoi les paysans n'auraient-ils pas aussi un patron à la cour? sommes-nous plus méprisables que ces animaux? Je sais que nos maîtres superbes nous reprochent une incapacité universelle, et que tous les métiers de la Pologne sont exercés par des étrangers. Mais peuvent-ils compter sur notre industrie, quand nous cherchons à perdre jusqu'au sentiment ? Comment pourrions-nous exercer pour eux les arts nécessaires, puisqu'ils nous ont appris à nous passer de tout ? Que peuvent-ils attendre d'un peuple couvert de lambeaux, et retiré dans des tanières ? Nous leur fournirons des tailleurs quand nous aurons des habits, et des architectes lorsque nous habiterons des maisons. Si les villes de Pologne n'ont point de commerce, si l'état n'a plus de défenseurs, qu'ils nous donnent une patrie ; nous deviendrons citoyens pour l'enrichir, et soldats pour la défendre : mais ces objets utiles ne les occupent guère. Ils ne courent qu'après les équipages brillants et les bijoux précieux. Ils font venir à grands frais des comédiens et des danseurs : voilà ce qu'ils appellent servir son pays et en entendre le commerce.

Quel commerce, grande reine! Ne permettez plus que le luxe des peuples riches pénètre dans ces déserts ; nos travaux se multiplieraient avec les plaisirs de nos maîtres. Déja ils paient de la récolte d'un champ une fragile porcelaine ; tous les ans, ce blé, qui manque à nos besoins, sert à payer quelque fantaisie : que deviendrons-nous lorsque ces rivières, qu'ils veulent rendre navigables, rendront les transports plus faciles? Il n'y aura point, sur la terre, de nation qui ne nous envoie des frivolités pour des biens solides ; on les paiera de nos sueurs, et nous serons obligés de nourrir tout l'univers.

Qu'ils fassent notre bonheur, ces hommes que l'opulence rend délicats ; et nous cultiverons encore ces arts qu'ils paient si cher, et qui les ennuient si vite. La joie nous rendra musiciens, l'amour nous fera poëtes. S'ils veulent des spectacles, nous leur en donnerons qu'ils n'ont jamais vus : un peuple joyeux sans ivresse ; nos bois retentissants de louanges et de bénédictions; nos filles dansant, au milieu des guérets, avec leurs amants couronnés de fleurs; et des vieillards pleurant de joie du bonheur de leurs enfants : fête céleste et digne des anges!

Dans nos chansons, nous ferons passer à nos neveux l'époque de cette félicité plus fidèlement que les historiens : ce que nous portons dans le cœur passe toujours dans notre mémoire. Nos traditions sont plus durables que les marbres; nous nous ressouvenons du bon roi Casimir, et nous avons perdu le souvenir de ceux à qui nous n'avons bâti que des châteaux.

Mais comment osé-je parler de nos faibles efforts, dans ce superbe salon où tous les arts sont rassemblés? Voici la Justice avec ses balances, bien différente de la nôtre, qui n'a qu'une épée; près d'elle est l'Abondance qui verse des épis. Cette femme, qui allaite des enfants, est sans doute la Tendresse maternelle; et cette figure, dont la robe est parsemée d'yeux et d'oreilles, qui a un coq à ses pieds et un sceptre dans ses mains, est peut-être la Vigilance royale. Toutes ces vertus, qui font la richesse des états, sont dorées; une seule ne l'est point: c'est la Religion, simple et pauvre dans ses habits comme dans son esprit. Elle offre des feuillages sur un autel de gazon: présent digne du Ciel, puisqu'on peut l'acquérir sans crime, et le posséder sans orgueil.

O grande souveraine! ici tout annonce les devoirs des rois, et les vertus dignes de la reconnaissance des peuples. Jamais nos mains grossières ne pourront imiter ces chefs-d'œuvre; mais si vous nous accordez les biens que nous demandons, notre attachement pour vous ira plus loin que celui de vos sujets. Nous ferons faire votre statue par quelque habile artiste, et nous la placerons dans le palais de Varsovie; elle suffira seule à la vénération du peuple polonais et à l'instruction de nos souverains.

NOTES
DE L'AVANT-PROPOS
DE LA
CHAUMIÈRE INDIENNE.

1. A cause des intérêts de la vérité.

La science, cette commune de l'esprit humain, a aussi ses aristocraties : ce sont les académies. On en jugera par la conduite d'un de leurs principaux membres, à l'égard de ma Théorie des Marées.

D'abord il l'a décriée tant qu'il a pu, dans ses sociétés particulières; il a empêché les journaux sur lesquels les académies étendent leur influence, c'est-à-dire les plus répandus, d'en faire aucun extrait; il s'est même amusé, m'a-t-on dit, dans ses cercles privés, à jeter des ridicules sur mes noms de baptême qui sont à la tête de mes Études de la Nature, parce que je n'ai pas l'honneur d'accompagner, comme lui, mon nom de famille, d'une longue suite de titres académiques. Comme, pendant l'ancien régime, son nom était dans toutes les feuilles publiques, et sa personne dans toutes les antichambres des grands, il lui a été facile d'agir comme il l'a voulu, à l'égard d'un solitaire qui ne s'occupait que de l'étude de la nature; mais jugeant, depuis la révolution, que tous ses moyens de crédit pourraient fort bien ne plus s'entr'aider, et voyant mes travaux, malgré ses obstacles, gagner peu à peu de la faveur, il a changé de conduite à mon égard. Il est venu, l'été dernier, me voir à la campagne, où j'étais allé passer quelques jours. Il répandit d'abord dans le voisinage, que j'étais un de ses bons et anciens amis. La vérité est que je ne lui avais jamais parlé, et que, malgré sa célébrité, je ne me rappelais pas même l'avoir vu. Il vint donc dans la maison où j'étais, et nous eûmes ensemble une conversation particulière, dont je retrancherai ici tout ce qui n'a pas rapport à ma Théorie des Marées, l'objet secret de sa visite.

Après quelques préambules de compliments, il me dit : « C'est bien dommage, monsieur, que vous ayez « avancé dans vos Études de la Nature, que la fonte « des glaces polaires était la cause des marées. C'est « une opinion insoutenable, contraire à celle de toutes les académies de l'Europe : c'est une grande erreur. — Monsieur, lui répondis-je, vous auriez dû « la réfuter. — Que réfuter, lorsque vous n'avez apporté aucune preuve en faveur de votre Théorie? « — Il y en a deux fois plus que dans celle des as-

« tronomes. Je pourrais en faire des volumes in-4°, « si je recueillais seulement celles que j'ai notées dans « les voyages des marins. Après tout, je ne manque « pas de suffrages. — Oh ! il ne faut pas s'arrêter à « ce que disent quelques journaux qui n'y entendent « rien. » Je soupçonnai alors qu'il voulait parler de l'extrait des papiers anglais, rapporté par le Moniteur. « Quand il n'y aurait, lui dis-je, dans ma Théo« rie, que l'objection géométrique que j'ai faite con« tre les académiciens qui se sont égarés sur les pas « de Newton, en concluant, de la grandeur des de« grés vers les pôles, que la terre y était aplatie, « vous auriez dû y répondre. — Qu'entendez-vous « par un degré? reprit-il avec chaleur. — Ce qu'en« tendent tous les géomètres, la 360e partie d'un « cercle. — Vous êtes tombé dans la même erreur « que M. de la Hire, il y a 130 ans. Ce n'est point « par l'arc d'un cercle qu'on mesure un degré, c'est « par sa perpendiculaire. » En même temps, pour me le démontrer, il tira de sa poche un crayon blanc, et se mit à tracer, sur une porte, un cercle, deux rayons, une corde, des sinus, etc.... Je l'arrêtai, en lui disant: « Vous sortez de la question. Ce n'est « pas de la perpendiculaire du degré de Tornéo que « les académiciens ont rapporté la mesure, mais de la « portion de la courbe terrestre comprise entre deux « rayons qui mesurent un degré céleste du méridien. « Ils ont trouvé au cercle polaire cette portion de la

« circonférence de la terre, qu'ils appellent, ainsi « que moi, un degré, de 57,422 toises, qui s'est trouvé « surpasser de 674 toises le degré mesuré au Pérou, « près de l'équateur, degré dont l'arc ne contient que « 56,748 toises : d'où ils ont conclu que les degrés « ou portions de la circonférence de la terre, corres- « pondants aux degrés du méridien céleste, allaient « en croissant vers les pôles, et que par conséquent « la circonférence de la terre y était aplatie. Main- « tenant, si vous pouvez faire entrer cette courbe « construite sur le diamètre de la sphère, et formée « de degrés plus grands que ceux de la sphère, dans « la sphère même, j'ai tort. »

Ne sachant que me répondre, il changea de conversation.

Il me dit : « Vous avez avancé que les marées « étaient de douze heures dans la mer du Sud, et « cela n'est pas. — Je n'ai pas dit cela, lui répondis- « je, quoique je sois disposé à le croire pour tout « l'hémisphère entier ; mais je n'ai pas eu des preu- « ves suffisantes pour l'affirmer. Je n'ai cité que cinq « à six endroits de la mer du Sud, où les marées sont « de douze heures. J'en ai trouvé, depuis, plusieurs « autres d'une égale durée, dans la mer des Indes, « et même dans notre hémisphère, entre autres celles « du Tonquin rapportées par Dampier. » Comme un quatrième volume de mes Études de la Nature se trouva sous ma main ; je lui montrai, dans l'avis qui est en tête, les témoignages de Carteret, de Byron, de Cook, de Clerke, sur les marées de douze heures dans la mer du Sud. Après les avoir lus, il me dit : « Savez-vous l'anglais? » Je me rappelai alors la circonstance où le Médecin malgré lui demande : Savez-vous le latin? « Non, » lui répondis-je ; et je crus qu'il allait me parler anglais. « Il ne faut pas, reprit-« il, citer d'après des traductions. J'ai chez moi vos « voyageurs en originaux ; il n'y est nulle part ques-« tion des marées de douze heures. J'en suis bien « sûr ; car j'ai fait un traité de toutes les marées du « globe, que j'ai trouvées partout égales aux nôtres. » Il me parut d'abord fort étrange qu'il eût fait un traité des marées de tout le globe, sans avoir cité des traductions ; mais ce point ne méritait pas de réponse. « Comment ! lui dis-je, vous voulez que des « traducteurs aussi éclairés et aussi exacts que ceux « que j'ai cités, se soient trompés sur des points aussi « importants à la navigation et à l'astronomie, et « qu'ils aient affirmé que les marées étaient de douze « heures dans plusieurs endroits de la mer du Sud, « lorsque les voyageurs qu'ils traduisaient assuraient « positivement qu'elles n'étaient que de six heures ! « Cela est impossible. »

Alors je mis fin à la conversation en lui disant : « Attaquez publiquement ma Théorie, et je vous ré-« pondrai. » Il me repartit qu'il n'en avait pas l'intention ; mais qu'il était venu pour m'éclairer. J'ai rapporté le précis de notre dialogue : c'est au public à juger de quel côté ont été la bonne foi et la lumière.

J'ai réfuté l'erreur des académiciens avec des preuves simples et intelligibles à tout le monde : pourquoi n'en emploient-ils pas de semblables à mon égard, si je suis moi-même dans l'erreur?

Il ne s'agit que d'une vérité élémentaire de géométrie. Il est certain que la demi-circonférence de la terre contient 180 degrés, et que ses degrés étant pour la plupart plus grands que les 180 degrés de la demi-sphère construite sur le même diamètre, elle ne peut y être renfermée.

Un officier du génie m'écrivit de Mézières, il y a deux ans, que, par ce simple raisonnement, il avait réduit un professeur de mathématiques, non au silence, car quel professeur s'y est vu forcé? mais à répondre une absurdité. Je lui disais, m'écrit-il, que la courbe terrestre étant plus étendue que l'arc sphérique, elle ne pouvait y être renfermée, si on ne l'y suppose rentrante, et les pôles creusés en entonnoir. Le croirez-vous? ajoute-t-il ; il m'a répondu : J'aime mieux croire que les pôles du monde sont creusés en entonnoir, que de croire que Newton s'est trompé.

Plusieurs newtoniens sont disposés à adopter ma Théorie des Marées par la fonte des glaces polaires ; c'est déjà un grand point de gagné ; mais ils veulent que je leur accorde l'aplatissement des pôles, avec l'élévation des mers sous l'équateur, par la force centrifuge; et c'est ce qui est contraire à l'expérience. Je pourrais faire de nouveaux volumes en faveur de ma Théorie, dussent-ils devenir la proie des contrefacteurs, comme le reste de mes ouvrages: mais comment détruire une erreur consacrée par le nom de Newton, et professée par tous les géomètres de l'Europe? Comment lutter seul contre des académies coalisées entre elles, qui ferment les yeux à l'évidence, et leurs journaux à mes preuves?

Malgré leur indifférence, j'ose leur prédire que cette vérité, qu'ils rejettent, deviendra un jour la base de l'étude de la nature.

O hommes de mon siècle, on ne vous intéresse qu'avec des contes!

P. S. Je me suis trompé en accusant les astronomes d'inconséquence, ainsi que je l'ai dit franchement dans une note de l'avis du premier volume de ma quatrième édition des Études de la Nature. J'ignorais qu'ils supposaient à la terre les degrés de son méridien, la plupart plus petits que ceux de la sphère, surtout près de l'équateur. Je n'admets pas leur théorie; et il ne me sera pas difficile de la réfuter un jour par des preuves de fait, géographiques et physiques.

J'ai encore bien d'autres objections à faire contre elle. Si la force centrifuge élève la mer, sous l'équateur, de cinq lieues et demie au-dessus des pôles, elle doit y élever encore davantage l'atmosphère, qui est un fluide bien plus mobile que l'Océan. Le baromètre, chargé de ce grand volume d'air, devrait hausser considérablement sous la Ligne : or, c'est ce qui n'arrive pas. Par la même raison, si la lune, en passant au méridien, attire l'Océan, elle doit attirer aussi l'atmosphère, et le baromètre alors devrait hausser et annoncer les marées : or, c'est ce qui n'arrive pas. On ne peut répondre à ces objections que par des sophismes.

D'un autre côté, on explique, par ma Théorie de la fonte alternative des glaces polaires, une infinité de problèmes inexplicables par celle des physiciens. Par exemple, pourquoi l'hiver est-il plus tiède et l'été plus froid sur les bords de la mer Atlantique, que dans les parties correspondantes des continents? C'est parce qu'en hiver l'océan Atlantique vient de la zone torride, et qu'en été, il descend de la zone glaciale. Voyez la note citée du premier volume des Études. On peut expliquer, par la même Théorie, pourquoi les îles de l'Asie sont plus chaudes que celles de l'Amérique, situées aux mêmes latitudes, ainsi que beaucoup d'autres effets physiques dont je ne peux m'occuper ici.

2. Et la seconde par la France.

La France n'a eu besoin d'imiter aucune nation sur ces deux points : depuis long-temps elle envoyait des savants dans les pays étrangers, et y répandait ses arts, ses modes et sa langue; mais c'était pour sa gloire: il faut espérer qu'elle la dirigera au bonheur des hommes par sa nouvelle constitution. Le patriotisme n'est qu'une des branches de l'humanité.

3. Quand on lui dédia le pin.

On dédia pareillement le chêne à Jupiter, l'olivier à Minerve, le pin à Pan, le laurier à Apollon, le myrte à Vénus, etc..... On consacra aussi des arbres aux demi-dieux et aux héros: le peuplier était l'arbre d'Hercule. Enfin, des nymphes, des bergers et des bergères eurent part au reste de la végétation: la jalouse Clytie donna sa jaunisse et son attitude au tournesol, Adonis teignit de son sang la fleur qui porte son nom, etc. Les plantes, et surtout les arbres, furent les premiers monuments des hommes. J'ai donc pu faire servir, à l'Ile-de-France, deux cocotiers, de monuments à la naissance de Paul et Virginie, sans prendre cette idée dans un poëte moderne célèbre, qui s'en est plaint sans sujet; il est assez riche de ses propres idées, pour qu'on puisse lui en emprunter; mais si celle-là n'était pas dans la nature, je l'aurais trouvée, comme lui, dans les Anciens, ses modèles. Elle est fort commune chez les botanistes, qui déterminent avec des plantes nouvelles des époques d'amitié et de reconnaissance, en leur faisant porter les noms de leurs patrons et de leurs amis. Enfin, les astronomes ont étendu ce sentiment aux astres; et les marins, aux terres, aux fleuves et aux îles qu'ils découvrent, auxquels ils donnent des noms de saints, de rois, de capitaines, d'événements, de conquêtes et de massacres dont ils veulent conserver le souvenir. Quand la plupart des objets de la terre et des cieux servent de monuments aux passions des hommes, et souvent à leurs fureurs, n'ai-je pu avoir la pensée de consacrer, dans une forêt, deux arbres à l'innocence et à l'amour maternel?

FIN DES NOTES.